DANIELE BOGIATTO E
CHARLIE FANTECHI

WEB MONSTER & CONVERSATIONAL MARKETING

Come trasformare la tua impresa in un successo

Titolo

"WEB MONSTER & CONVERSATIONAL MARKETING"

Autori

Daniele Bogiatto & Charlie Fantechi

Editore ebook

Bruno Editore

www.brunoeditore.it

Sommario

PRESENTAZIONE pag. 6

EDIZIONI DIALOGIKA pag. 9

MAPPA DEL LIBRO pag. 10

L'INCONTRO
All'alba di quest'opera a quattro mani pag. 12

WEB MARKETING
Tra reputazione, budget e coerenza pag. 24

IL NOME
Chi sei, da dove vieni e dove vuoi arrivare pag. 35

IL MARCHIO
Il segno grafico dell'identità pag. 50

IL BRAND
Le storie che donano un senso pag. 66

IL NUOVO MONDO: PRESENZA E MISSIONE
Esserci per un motivo importante pag. 81

I VALORI CHE CREANO VALORE
Come allineare gli obiettivi individuali
con quelli del gruppo pag. 98

WORK IN PROGRESS
Complimenti, consigli e critiche pag. 117

MOTIWEBTIONAL
Il momento della motivazione pag. 139

IL CERCHIO
La chiusura che apre una finestra
sulle possibilità infinite pag. 146

GLOSSARIO pag. 178

TESTI DI RIFERIMENTO pag. 188

SCARICA IL SUPPLEMENTO GRATUITO pag. 191

Presentazione

Questo libro vi sorprenderà. Scorrendo le pagine, vi accorgerete presto che non è un libro come tutti gli altri. Lo potrete leggere a diverse profondità, raccogliendo elementi importanti da uno dei più famosi esperti del web: Daniele Bogiatto. Vi troverete però anche immersi nel processo di maturazione di una nuova consapevolezza rispetto alla vostra vita e al senso della vostra impresa. In questo, Charlie Fantechi vi guiderà con un tipo di narrazione ipnotica a più livelli, in cui vi troverete inconsapevolmente a suggestionare il vostro inconscio in direzione del successo. In queste pagine capirete la forza del marketing conversazionale, quello cioè basato sui racconti e sulle interazioni tipiche del web.

Il libro stesso nasce proprio sul web da una comunicazione virtuale tra due menti illuminate del nostro tempo ed esperti della comunicazione: professionisti eccellenti nei propri campi, proprietari di numerose imprese di successo, che accettano di conversare e conoscersi proprio via web, dandovi la possibilità di assistere alla creazione stessa. Il testo infatti è il risultato della trascrizione fedele di uno scambio tra due persone che fino a poco tempo prima non si conoscevano e che usano il mezzo di cui stanno parlando per darvi un esempio unico e irripetibile della potenza creativa della conversazione. È come poter sbirciare nelle conversazioni private tra due menti eccellenti che esplorano una terra nuova e affascinante.

Tutto parte dal racconto dell'incontro, per poi svilupparsi in un percorso imprevedibile ed emozionante che nessuno dei due autori avrebbe potuto creare, in questa forma, al di fuori della conversazione. Leggendo le parole dense di esperienza contenute nelle pagine seguenti, potrete conoscere un po' meglio questi due personaggi straordinari e apprendere molte competenze utili per la vostra impresa. Capirete come l'intuito e la fiducia siano elementi determinanti di ogni successo. Scoprirete i segreti della creazione di un nome, di un marchio e di un brand di successo, in un modo insolito e a volte un po' magico. Comprenderete l'importanza delle critiche e potrete scegliere l'atteggiamento che meglio rispecchia le vostre caratteristiche personali. Apprenderete anche

che il successo percorre strade diverse e inaspettate, ma che è sempre mosso da un intento forte e focalizzato. Questo libro è anche una sfida: scrivere un'opera rivoluzionaria in tempi rapidi e in modo spontaneo. Completando l'opera in meno di trenta giorni cogliendo l'essenza dell'attimo fuggente. Avere poi il coraggio di andare subito in stampa senza pensarci troppo, proprio come si farebbe sul web, fissando il ricordo magico di un incontro e una conoscenza che si concretizzano proprio in queste pagine. Fare tutto questo, sapendo che proprio la purezza e la forza dell'intenzione producono inevitabilmente successo, di cui anche voi siete parte.

Leggete con attenzione ogni riga delle prossime pagine, perché ognuna può nascondere un tesoro che solo voi potete scoprire e che può cambiare il vostro modo di percepire la realtà. Utilizzate questo testo come una meditazione in cui ogni frase può essere quella giusta per smuovere quel nucleo creativo dalla forza travolgente che risiede in voi e che ha solo bisogno di essere risvegliata.

Edizioni Dialogika

Edizioni Dialogika nasce nel novembre 2009 dalla volontà di permettere al pubblico italiano di approfondire la propria conoscenza in materia di scienza ipnotica (e non solo). Con la traduzione di opere importanti ed interessanti ma finora inedite in italiano, quali quelle di Ormond McGill, Milton Erickson, Jonathan Chase e molti altri, Edizioni Dialogika vuole appagare l'interesse crescente nei confronti di questa materia così incredibilmente affascinante. È infatti una nostra ferma convinzione che una maggiore conoscenza di quest'argomento a livello sociale possa contribuire allo sviluppo dei singoli e della società.

Mappa del libro

Abbiamo pensato di fornirvi una mappa che vi guidi nella lettura di questo testo facendo in modo che possiate beneficiare al massimo dei contenuti e delle tecniche esposte. Il testo è diviso per capitoli e presentato sottoforma di carteggio tra i due autori che su ogni tema esprimono la propria opinione e forniscono suggerimenti preziosi.

In ogni capitolo troverete un'apertura di Daniele che illustra l'argomento e la chiusura di Charlie che vi narra da un altro punto di vista ampliando le vostre competenze e conoscenze. Nel capitolo finale il ciclo si compie due volte per concludersi con una promessa.

All'inizio delle rispettive parti, troverete il nome di uno dei due autori.

In appendice abbiamo anche messo delle note per i termini e i riferimenti un po' più complessi, cercando però di mantenere fluido il flusso narrativo conversazionale. Alla fine del testo troverete anche un glossario con tutti i termini di uso comune che si riferiscono al web: termini che gli esperti conoscono, ma che alcuni potrebbero non conoscere. Vi consigliamo di tornare sul libro per una seconda lettura perché scoprirete ogni volta nuovi elementi che all'inizio non avevate individuato.

L'INCONTRO
All'alba di quest'opera a quattro mani

Daniele

Mentre Charlie, Fulvia ed io siamo seduti al bar dell'ExCel Centre di Londra, durante una pausa del corso di Kiyosaki, avverto che nell'aria sono presenti le scintille di qualcosa che si sta verificando ma che è stato costruito, pianificato in maniera immateriale, non logica e consapevole molto tempo prima. È quella sensazione familiare che mi avverte del sincronico momento della manifestazione. Poi in totale naturalezza mentre approfondiamo la nostra conoscenza arriva, come se fosse sempre stata di fronte a te. Espongo l'idea di scrivere insieme un testo profondo, irriverente, sopra le righe, che misceli il web marketing con l'ipnosi conversazionale. Un'idea avuta durante il sonno la notte prima.

Un testo a quattro mani scritto come se fossimo un unico cervello che si sintonizza e realizza un nuovo contesto e un nuovo contenuto. La risposta di Charlie è immediata, di cuore, pregna di passione nello sperimentare un approccio che possa dare e dire qualcosa che valga la pena di essere letto, applicato e che sia comunicato da chi tutti i giorni fa business e vive con questi concetti con risultati che stanno facendo parlare di noi a livello nazionale ed internazionale. Quindi, come direbbero in alcuni film, parole e fatti strettamente collegati.

Ci lasciamo con tale promessa, quindi qualche scambio su Facebook e qualche email. L'idea sarebbe stata quella di un approccio tradizionale. Quindi scegliere i contenuti, svilupparli, mettere nero su bianco un indice e molto altro che fa parte di tutti quegli aspetti che si leggono nei testi "come scrivere un buon libro".

Visto che però come ti accennavo vogliamo scrivere un libro straordinario non faremo così. La stesura stessa sarà un esperimento di miscelazione dei nostri due campi di eccellenza. Una sintonia profonda a distanza (io nella nostra casa in Florida e Charlie in Italia) legati da un filo invisibile ma potentissimo, il web. Follia? Oppure lucida razionalità irrazionale?

Molto semplice. Atteniamoci ai fatti. Come abbiamo fatto ad incontrarci? Quali elementi ci hanno condotto a conoscerci e in breve tempo a fronte di molti altri elementi invisibili alla moltitudine e che ci hanno concesso di entrare in una sintonia immediata e foriera di grandi risultati?

Molto semplice. Web e mondo reale combinati, ottima comunicazione, etica e valori. Proprio quello che tutte le aziende e i liberi professionisti necessitano in un sistema che non permette più l'applicazione dei vecchi sistemi.

Forse a questo punto ti puoi domandare che riferimento può avere il web marketing, visto che da esperto del web business in questo lavoro mi verticalizzerò proprio su questo argomento, nel realizzare un incontro importante come questo. Bene, vediamolo insieme passo per passo.

Piergiorgio Merlatti mi parla molto bene di Charlie Fantechi e Fulvia Arienti di Dialogika (di cui avevo già sentito parlare precedentemente). Secondo la sua opinione sarebbe molto interessante entrare in contatto. Il giudizio di Piergiorgio è molto importante e così approfondisco tramite il loro sito, ricerca su Google e riferimenti incrociati sui social network la loro reputazione 2.0 (quello che gli altri dicono di loro). Tutto eccellente, anche le comunicazioni che condivido con persone divise da me da un solo grado di separazione sono positive.

In questo primo blocco ho già inserito alcuni elementi importanti di un web marketing di alto livello. Il sito istituzionale, il posizionamento 2.0 su Google, la presenza sui social e la reputazione 2.0. Se avessi trovato elementi diversi, vuoti o negativi non avrei fatto altri passi.

Arriviamo ad un evento che tengo a Milano e proprio in quella serata, prima che salga sul palco, Piergiorgio stesso mi presenta Charlie e Fulvia. Un primo incontro veloce che però per mia abitudine osservo e memorizzo nei minimi particolari. Sono soddisfatto. Li invito a BOW (Business on the web 2010, l'evento unico e riservato che tengo una volta all'anno). Charlie non potrà essere presente, ma Fulvia sì. Ricevo nei giorni seguenti un messaggio su Facebook della stessa Fulvia che mi chiede l'indirizzo per inviarmi un DVD di Charlie che prontamente ricevo nei giorni seguenti.

Attenzione a questo passaggio. A un incontro che ho molto gradito ho applicato spontaneamente una regola che fa parte del web marketing. Dai prima di ricevere e dai perché ti fa piacere dare. Fulvia risponde dopo l'evento che le è piaciuto con una comunicazione su un social informale e a una promessa fa seguire un fatto applicando anche lei una regola del web marketing. Se ricevi restituisci, non importano numeri e dimensioni dello scambio, è l'attenzione che fa la differenza. E io ho una memoria di ferro.

Arriviamo a Londra e ci incontreremo due volte prima di definire questo importante passo. Quindi è il momento per noi di volare negli USA e per loro di tornare in Italia. Qualche scambio di sms, email e, per me, il momento di scrivere nel mio *blog site* dell'importante incontro. Un grande piacere che descrivo con la mia tonalità emotiva.

Fulvia ringrazia con un commento su Facebook e io sento il piacere della loro presenza alla quale seguirà una email specifica di Charlie.

Anche qui ci sono diversi elementi importanti, uno su tutti la dichiarazione sociale sul web che sigilla pubblicamente un apprezzamento e uno scambio che identifica un nuovo accordo tra persone di qualità.

Web marketing? Molto di più. Significa sollevare il velo su quanto di importante puoi fare accadere nella tua azienda o nella tua attività sviluppando business importanti, modelli di vita soddisfacenti utilizzando l'immenso potere degli strumenti che la tecnologia ci mette a disposizione.

Dall'esterno alcuni vedranno solo che per una coincidenza Charlie e Daniele si sono trovati a scrivere un testo di successo e che forse, per alcuni, significa solo che piove sul bagnato. Invece non è così. Quello che si vede è la parte piccola e manifesta dell'iceberg che invece cela la maggior parte della propria massa sotto la superficie della consapevolezza.

Competenza, attenzione, eticità, valori, costanza ed utilizzo degli strumenti appropriati. Niente è frutto del caso.
A te la "penna" Charlie.

• • •

Charlie

Grazie Daniele, l'attenzione è la cosa più preziosa che possiamo concedere a qualcuno. L'attenzione è la nostra mente focalizzata nel presente di un evento.

Quando prestiamo attenzione ad una persona, noi siamo con quella persona veramente, con tutto il nostro essere. Il *multitasking*, cioè il prestare attenzione a più cose contemporaneamente, è solo una definizione di un atto egoistico di disattenzione diffusa.

L'attenzione è quanto di meglio possa esprimere la mente umana nel suo processo di individuazione. Una specie di meditazione continua che si genera e si esprime contemporaneamente in parole e azioni. Ogni azione focalizzata è l'espressione simultanea dei diversi livelli di significato di una persona. È l'espressione dei suoi valori, delle sue convinzioni e della sua identità. Nonché, nel raggiungimento di una perfetta congruenza, il canale che permette all'esperienza mistica di manifestarsi.

Per questo motivo, tutto ciò che ci distrae deve poi ripagare il nostro interesse. Tutto ciò che ci distrae ha la responsabilità e il dovere di fornirci un contenuto e un contributo. Questo è anche il mio modo di interpretare il marketing nel mondo odierno della distrazione indotta.

Il motivo per cui mi hai trovato, Daniele, è perché non ho fatto molto marketing in questi ultimi quindici anni, ma un lavoro sulla mia preparazione e sui contenuti.

Questo, come sai, è il primo passo di ogni buon marketing, anche sul web: prendersi il tempo e l'impegno per focalizzare la propria attenzione su qualcosa per migliorarla, per poi renderla disponibile ad altri che utilizzeranno il nostro punto d'arrivo come loro punto di partenza su cui focalizzare la loro attenzione e creare qualcosa di nuovo. E questo non per il bisogno continuo di diversità o per semplificare i percorsi di vita delle persone, ma per qualcosa di più importante. Per mostrare a noi stessi e agli altri che l'unica strada è quella dell'eccellenza che si esprime nell'attenzione focalizzata. È l'unica esperienza che ci consente di vivere nel flusso del presente totalmente presenti in quest'istante.

Questa è l'essenza dell'esperienza estetica: l'opera d'arte non è stupefacente di per sé, ma come traccia tangibile del passaggio di qualcuno che ha avuto un'esperienza estetica di totale attenzione focalizzata, di totale presenza nel presente. Questo è il motivo per cui il valore di un'opera d'arte risiede nell'opera stessa e non nella sua copia.

L'opera d'arte è l'espressione di un allineamento unico e straordinario tra i livelli più profondi e più alti di una persona, che li condensa in una serie infinita di azioni colme di attenzione, in una traccia tangibile che assume una qualità estetica: ciò che ammiriamo nell'arte è, indirettamente, la cura e l'attenzione posta nella realizzazione dell'opera che implica quell'allineamento personale e quella connessione con la vita che ognuno, più o meno consapevolmente, ricerca.

Per questo penso al marketing, specie sul web, come a uno spazio di attenzione che bisogna prima guadagnarsi con un lavoro di “meditazione” e di affinamento della propria “anima”. Il prodotto e il servizio sono solo una traccia tangibile del buon lavoro fatto a monte.

Il mio lavoro è proprio quello di formare le persone per renderle abili a non farsi distrarre dai mezzi di informazione che giocano con la loro mente con finalità discutibili, e anzi imparare a distinguere chi merita davvero la nostra attenzione. E qui emergenza del saper riconoscere il valore delle fonti. Questa è una cosa che riusciamo a fare nella nostra vita di tutti i giorni, ma molto meno sul web e con i mezzi di informazione. Riusciamo infatti a scegliere le nostre amicizie e compagnie, ma siamo meno efficaci nel distinguere e differenziare le informazioni e perturbazioni che facciamo entrare nella nostra mente attraverso i mezzi di informazione.

Il risultato è che spesso le persone si ritrovano a far entrare in casa propria e nella propria mente pensieri e azioni di persone che nella realtà non farebbero mai entrare. Pensare che queste informazioni, per il fatto di entrare attraverso mezzi come la TV, il PC e il giornale, non creino perturbazioni profonde nella nostra mente, è solo una pericolosa illusione.

Immaginate che cosa accadrebbe se ogni sera a casa vostra entrassero tutte le persone che vedete in TV o di cui leggete sui giornali. Come sarebbe casa vostra la mattina seguente? Come minimo ci sarebbe un po' più di confusione. Questa confusione c'è, anche se non è immediatamente visibile: è solo nascosta nella vostra mente.

Qual è il risultato? Un continuo addestramento involontario al caos e alla disattenzione che poi viene espresso nelle vostre azioni durante la giornata. Questo ha anche degli esiti neurofisiologici: numerose ricerche dimostrano come, per esempio, lo strumento televisivo diminuisca di per sé le onde gamma nel nostro cervello, riducendo al tempo stesso le capacità creative, meta cognitive e di concentrazione.

Qual è dunque il vero senso che possiamo dare al web marketing per creare in esso un valore? L'unico approccio che ci mantiene etici è guadagnarsi il diritto di distrarre le persone per qualcosa che sia un condensato di lavoro, preparazione e attenzione. E nello stesso momento continuare a formare le persone a essere meno "distraibili" innalzando così la soglia di interesse che un prodotto deve superare per potersi guadagnare l'attenzione dei propri eventuali clienti.

Quando ci siamo incontrati, Daniele, non sapevo niente di te, ma in un attimo ho percepito la tua qualità umana, espressione della cura e dell'attenzione che metti in ogni cosa che fai.

Felice di questi primi passi.

WEB MARKETING

Tra reputazione, budget e coerenza

Daniele

Cito testualmente Wikipedia (e attento, volutamente proprio Wikipedia, l'enciclopedia creata totalmente online dai navigatori e oggi statisticamente accurata come l'Enciclopedia Britannica):

"Il web marketing è la branca delle attività di marketing dell'azienda che sfrutta il canale online per studiare il mercato e sviluppare i rapporti commerciali (promozione/pubblicità, distribuzione, vendita, assistenza alla clientela, etc.) tramite il web. Solitamente le attività di web marketing si traducono in primis con la pubblicazione di un progetto, poi nella realizzazione di un sito internet e la sua promozione, in questo modo l'azienda presidia il canale web attirando visitatori interessati ai prodotti/servizi in assortimento. Il web marketing si affianca quindi alle strategie di promozione/vendita tradizionali e

alle analisi di mercato offline, permettendo di avviare una relazione con il pubblico di questo canale."

Quindi cito testualmente la definizione di Charlie:

"Qual è dunque il vero senso che possiamo dare al web marketing per creare in esso un valore? L'unico approccio che ci mantiene etici è guadagnarsi il diritto di distrarre le persone per qualcosa che sia un condensato di lavoro, preparazione e attenzione."

Due passaggi totalmente diversi.

Torniamo a Wikipedia. "Una branca delle attività di marketing": un figliastro quindi, quando invece oggi come numeri siamo totalmente all'opposto, è il marketing tradizionale ad essere una branca del web marketing "che sfrutta il canale online".

Rileggi attentamente la definizione di Wikipedia e hai tutto quello che non è il web marketing. Una definizione insulsa, creata da chi vive in un mondo che non esiste più e frutto del consumismo più bieco e becero che l'uomo abbia mai conosciuto. Lo stesso che ha condotto oggi il mondo sull'orlo di un baratro fatto di carenza di valori, di visione e di responsabilità in ciò che si fa.

Rileggi la definizione di Charlie: "guadagnarsi il diritto di distrarre le persone per qualcosa che sia un condensato di lavoro, preparazione ed attenzione". Ci sono elementi chiave in tale definizione che per te, la tua professione e la tua impresa (come le nostre ovviamente) sono parole di oro pesante. Guadagnare, diritto, distrarre, lavoro, preparazione, attenzione. Vediamole una per una, per arrivare a una definizione più profonda, più intensa e precisa possibile, perché se non si comprende bene cosa si sta facendo non si riusciranno a ottenere risultati fuori dall'ordinario. I significati etimologici ci vengono in aiuto.

Traduco la definizione con il contenuto etimologico. "Coltivare i campi per ricavarne il beneficio di poter procedere in linea retta per fare volgere verso altra parte le persone, verso una parte che ha messo insieme un'opera di ingegno predisposta per l'uso con cura e diligenza." Meno chiaro, più chiaro? Secondo me affascinante nella sua interezza.

Lo traduco in un altro linguaggio. Creare un canale su YouTube dove con costanza e dedizione inserisco video il cui contenuto è utile e basato sulla mia esperienza personale affinché le persone guardandolo possano trarne beneficio nella loro attività facendo in modo che tali contenuti siano sempre fondati su elementi concreti e strettamente collegati alla mia esperienza e conoscenza.

Web marketing, cosa significa quindi per me? Significa partecipare attivamente al mercato sociale e conversazionale del web creando uno spazio vitale dove grazie a una comunicazione di valore continua e costante l'azienda guadagna la credibilità, per poter rendere il cliente sicuro nel pagare con il proprio tempo e il proprio denaro, una produzione di prodotti e servizi che hanno come finalità quella di originare il maggior livello possibile di benessere per tutti gli attori che vi partecipano. Una promessa che l'impresa dovrà riconfermare ogni giorno, ogni ora, ogni minuto con le sue azioni e il suo comportamento. Web marketing significa immettere sul mercato la propria reputazione, l'asset immateriale più importante che tutti noi abbiamo.

Quello che tu o la tua azienda proiettate sul web è l'ombra di una montagna. Il cliente coglie l'ombra, ma oggi non si limita a guardare tale proiezione. Alza gli occhi e cerca di scrutare, di capire se si tratta di un artificio o di una vera montagna. È finita l'era dell'inganno.

Ecco perché le società falliscono. Chi è una vera montagna prospera, si arricchisce e fa arricchire con tanto valore le altre persone e la società che lo circonda. Ecco perché molte aziende sono terrorizzate nel fare il vero web marketing, ne ho incontrate tante sul mio cammino e puntualmente scartate. Perché hanno la coda di paglia.

E se poi i clienti possono lamentarsi senza che si possano cancellare tali lamentele? (Una delle domande più volte ricevute durante i seminari). Il web, potente e incontrollabile, arriva nel momento giusto. Uno strumento di grande portata in mano diretta delle persone che assumono più ruoli sino al classico cliente consumatore. Consumatore a volte di articoli, di video, di ebook gratuiti, di emozioni su Facebook. Consumatore però che ha preso e prende ogni giorno sempre più coscienza del proprio potere.

Quindi, concludo. Web marketing: l'arte di essere se stessi e di lasciare andare il controllo per cercare di ottenere l'attenzione, quella vera, quella di chi seleziona il meglio.

• • •

Charlie

L'ombra della montagna è un simbolo potente per rappresentare la relazione tra marketing e l'essenza del prodotto e servizio. Ma i tempi sono cambiati e fortunatamente quell'ombra si è fatta più chiara.

Il web ha portato la luce anche dietro la montagna e adesso il sole è nel punto più alto. Il nuovo web marketing vede prodotti e sue rappresentazioni più simili e vicini addirittura coincidenti per occhi esperti come quelli di Daniele.

Sul web il simbolo non può più essere definito come rappresentazione sintetica di qualcos'altro. Non è più forma che sta al posto di qualcosa di diverso. È vero che per la massa un simbolo può risultare ingannevole e fuorviante, ma solo per chi sceglie di rimanere analfabeta. Il web ha dato al simbolo una nuova definizione, molto più interessante ed integrata. Ogni simbolo è la parte visibile di un sistema.

E questo cosa vuol dire? Vuol dire che la parte di un sistema azienda o persona che è visibile sul web è parte integrante di tutto il sistema. Come la vetrina è parte del negozio e non solo rappresentazione, la presenza sul web è parte della propria identità aziendale e personale. Per questo la vetrina dovrà essere ben curata e raccogliere il meglio del negozio stesso, ma non potrà essere qualcosa di completamente diverso rispetto a tutto il resto del negozio. Essa dovrà essere una buona sintesi dello stile del negozio e fornire informazioni sia sui prodotti che sulle persone. Certo dovrà essere curata e dovrà presentarsi al meglio, ma non risultare del tutto distinta da ciò che poi il cliente troverà all'interno.

La presenza sul web può essere una buona mappa con la quale dare indicazioni ai vostri clienti per farvi trovare. Una buona mappa per essere tale potrà utilizzare colori, stili e scale diversi, ma dovrà contenere le informazioni che mi sono necessarie per esplorare quella zona, lasciandomi un buon grado di libertà. Le forzature e le distorsioni non piacciono a nessuno. L'estetica e la cura sì.

Ma la vetrina non è solo un riassunto del sistema ma uno strumento di auto motivazione rispetto al proprio miglioramento. La qualità di ciò che presentate sul web può essere leggermente inferiore rispetto al modo in cui la presentate, ma se vogliamo dare un parametro numerico, non più di un 10%, per non creare troppa discrepanza e incongruenza che possono risultare ingannevoli. Chi lavora solo sulla vetrina del proprio negozio si trova in breve tempo ad avere dei problemi con i clienti che si aspettano di trovare all'interno gli oggetti e servizi reali che ha visto all'esterno. Per questo la crescita di un'attività deve essere graduale ed equilibrata in ogni sua parte.

La vetrina può essere uno stimolo per rendere il prodotto e il servizio sempre più vicino a quello pubblicizzato. Il marketing sul web è una promessa che si fa al cliente e che dobbiamo essere in grado di rispettare. Il web paradossalmente ricrea la dinamica del paese, in cui se qualcuno imbroglia tutti lo sanno. Se qualcuno lavora bene anche.

Ci sono però aziende e professionisti che usano le proprie vetrine come cantine o magazzini non comprendendone l'importanza. Ci sono altri che pensano che allestire una vetrina sia la stessa cosa che mettere i propri prodotti su degli scaffali all'interno del negozio. Ci sono altri che posizionano in vetrina trappole e riflettori esagerando notevolmente.

In questo libro cercheremo di fornirvi una mappa, che è la nostra vetrina rispetto a quello che sappiamo fare. Una mappa che non parte dal territorio, ma dalla vostra identità, dall'essere prima del fare. E la prima domanda è: chi siete in questo momento? E non tutto quello che potete essere, ma quello che siete e siete fieri di essere.

Qual è la caratteristica che vi sentite di avere e che siete convinti di avere? Qual è la caratteristica centrale della vostra identità individuale o aziendale che sentite essere il nucleo attorno al quale ruota tutto il resto? Una volta che avrete risposto a questa domanda potremo procedere con l'insegnamento delle tecniche per comunicare meglio il vostro messaggio.

Dovete essere consapevoli della vostra essenza e della vostra identità prima di apprendere le tecniche per potenziare e moltiplicare il vostro messaggio e questo per un motivo molto semplice: se sentite che quel che siete non è ancora maturo e porta con sé emozioni contrastanti, gli strumenti che vi forniremo vi porteranno solo a intensificare le vostre incongruenze, a portare il vostro mondo interiore all'esterno invadendo quello degli altri. La confusione intensificata e moltiplicata porta solo maggiore confusione.

La "Divina Commedia" non nasce dall'esplosione di una tipografia né dall'insieme di tutti gli stati degli utenti di Facebook presi in un dato momento. L'espressione più alta dell'essere umano parte da se stessi e dall'esplorazione della propria identità. Ciò che risulta geniale è il condensato di un momento di perfezione nell'anima di una persona. Spesso solo un momento. Quindi la prima domanda che dovete farvi è: "Qual è il messaggio o la forza positiva del mio essere o del prodotto/servizio della mia azienda?". Prendetevi del tempo per trovare l'essenza positiva del vostro lavoro.

Le strategie di comunicazione persuasiva unite al web marketing possono produrre effetti di moltiplicazione rapidissima secondo un modello frattalico: l'elemento iniziale viene replicato milioni di volte fino a creare un mosaico che nella sua totalità ha la stessa forma complessiva dell'elemento iniziale.

Quindi la domanda è: "Qual è l'elemento iniziale che vorreste replicare milioni di volte?". Questo elemento ripetuto fa parte di un mondo a cui sareste fieri di appartenere? Se la risposta è sì, possiamo proseguire.

IL NOME

Chi sei, da dove vieni e dove vuoi arrivare

Daniele

La scelta di un nome e del successivo marchio. Un momento importante, fondamentale, ricco di speranza per chi lo concepisce e foriero di scelte di vita per chi lo riceve, piccole o grandi che siano. Non solo. Ma oggi con il web che funge da elemento collante della realtà, esso stesso diventerà un laboratorio continuo in cui il cliente definirà lo sviluppo del successivo brand, che si affiancherà al maestro scultore per smussare quegli angoli e portare alla luce inusitate bellezze che sarebbero rimaste nel granito senza la sua presenza.

Come scegliere il nome dell'azienda? Ci sono semplicemente due modi. Si utilizza il nome e cognome oppure se ne sceglie uno nuovo completamente da zero. Facciamo alcuni esempi. Scelta del cognome (o nome e cognome) come nome dell'azienda.

Harley & Davidson, Ferrari, Morgan & Stanley, Trump, Anthony Robbins Company, Armani. Scelta di nomi completamente nuovi. Coca Cola, Apple, eBay, Microsoft, FIAT, General Motors, General Electric, Wikipedia, Facebook.

Sono scelte importanti perché le aziende che scelgono il nome del fondatore o della famiglia fondatrice porteranno con sé per sempre lo spirito dello stesso che diventa quindi fondamentale, trainante.

Qui a maggior ragione la domanda che pone Charlie "qual è il messaggio o la forza positiva del mio essere o del prodotto/servizio della mia azienda?" diventa elemento essenziale sul quale è possibile costruire l'ombra sul mercato. Dico ombra perché la montagna esiste già, è la persona in sé e per sé, nella sua interezza e nella sua totale presenza. Questo elemento nel nuovo mondo in cui viviamo grazie al web, come abbiamo detto prima, parte dalla quale nessun libero professionista o impresa può desumere, pena il fallimento annunciato.

Discorso diverso per la scelta di un nome creato ex novo. In qualche modo identifica una scelta di più persone, di una fondazione in società (potrebbe anche essere tra marito e moglie) oppure di più persone che con tale nome pensano di poter comunicare al mercato il messaggio migliore possibile. Non entro nello specifico di quali possono essere le varie opzioni in questo caso. Nella prima ovviamente non vi è scelta, il nome e cognome sono quelli e quelli si usano. Nella seconda invece il discorso si fa più complicato.

Cosa possiamo dire di Facebook, il libro delle facce? È una scelta corretta? Oppure Apple, semplicemente mela, è una scelta corretta? O ancora Madonna, nome d'arte di Maria Luisa Ciccone, è una scelta corretta? Difficile dirlo. A posteriori i nomi che oggi identifichiamo come successi, siamo propensi a dire che possano essere state scelte corrette, ma non ne siamo così tanto sicuri quando invece dobbiamo crearne uno nuovo.

Da parte mia, per il web marketing nello specifico, ho alcune linee che seguo per la fase di start-up.

Se si tratta ovviamente di nome e cognome la scelta è semplice e parte con il nome e cognome completo per poi via via declinare il brand solo sul cognome in modo da diminuire l'indentificazione con il fondatore mentre scorrono gli anni e garantire quindi una vita più duratura dell'azienda nonché anche una vendibilità sul mercato, se non fosse anche peraltro sul mercato borsistico.

Nel caso della scelta del nome ex novo. Due sono le strade. Scegliere un nome che identifica il prodotto o il servizio venduto in modo che esso stesso possa essere di traffico continuo oltre che un messaggio chiaro al consumatore. La seconda è scegliere un nome che non abbia nessun significato specifico anzi che possa essere colmato di significato da parte del cliente. Altro ancora è quello di cavalcare il successo di un brand famoso, usando una declinazione simile ma in un settore diverso.

Posso farti alcuni esempi diretti di attività che ho seguito personalmente.

In eBay quando lanciammo il *Classified List* venne nominato Kijiji, un nome che in tutto il mondo per la quasi totalità delle persone non aveva nessun significato. Bowebo, il motore di ricerca business internazionale che ho contribuito a creare non ha nessun significato specifico.

Oppure possono essere accostamenti specifici o acronimi che, se approfonditi, hanno un significato, ma solo se approfonditi. Ad esempio UPW di Anthony Robbins significa Unleash the Power Within ma per tutti è semplicemente UPW. La FIAT è: Fabbrica Italiana Automobili Torinesi, un acronimo oggi conosciuto in tutto il mondo, ma di cui a pochi è noto il significato ultimo.

Io ritengo maggiormente vincente un nome che possa essere immaginato, che possa essere sognato e riempito di emozioni via via diverse da parte del cliente. Se Harley & Davidson si fosse chiamato “Fabbrica di Motociclette Custom” avrebbe avuto successo? Io ne dubito fortemente.

Quindi, per quanto mi riguarda, la scelta di un nome che identifica il prodotto o il servizio offerto è una scelta povera e valida nel breve termine che oggi nel mercato degli infoprodotti è dilagante perché capace di produrre qualche risultato, di medio basso livello, nel breve termine e proprio per questo gratificante nel breve e di appeal per chi non ha una visione di successo grande e a lungo termine.

Un tocco di classe è quello di cogliere il successo di un nome famoso e declinarlo in un altro settore. Un esempio eclatante è l'azienda "Emporio Armadi" che facendo l'occhiolino a "Emporio Armani" viene immediatamente associato a un nome di successo senza però essere tacciato di copia perché essi vendono veramente armadi.

La scelta è ardua? Dipende da cosa vuoi ottenere con la tua attività e la tua impresa. Se hai già un nome bisogna fare dei ragionamenti specifici, comprendere il mercato e decidere delle modifiche. Ti faccio un esempio. La SIP, per tanti tanti anni la società di telefonia fissa unica in Italia, in realtà era precedentemente la: Società Idroelettrica Piemontese che ovviamente avrebbe avuto difficoltà a proporsi come compagnia telefonica. Generiamo un acronimo, SIP, e siamo a cavallo.

Quindi sia che il nome sia già presente e si vogliano creare altri nomi oppure che tu lo debba creare ex novo, io ti consiglio di scegliere due strade. Usare il cognome oppure il nome ex novo. Nel caso del nome ex novo ti consiglio un nome inesistente, inventato, di un'altra lingua. Lascia che sia il cliente a riempire il contenuto guidato dal lavoro sul marchio e sul brand di cui parleremo più avanti.

Adesso tocca a Charlie deliziarci su quali possono essere le giuste suggestioni, le appropriate tecniche per scegliere noi stessi un nome adatto o comprendere come coglierle direttamente dai nostri potenziali clienti!

• • •

Charlie

Nomen numen, il nome è una potenza, questo dicevano i latini, sottolineando il potere evocativo di ogni parola che può attivare da sola la forza che la caratterizza. La parola è un atto di potere, un atto di creazione e di controllo della realtà esterna. Senza le parole non esiste una realtà perché non esiste un osservatore.

Come la fisica ha dimostrato, ogni osservatore ha il potere di influenzare la realtà che osserva. La influenza con i suoi pensieri e le sue aspettative. La influenza con i suoi filtri e le sue convinzioni. La influenza soprattutto con le sue "narrazioni": le sue storie cioè su se stesso e sulla realtà che vede. Se per osservare ho bisogno di un sistema percettivo autoconsapevole, il linguaggio è ciò che lo definisce.

Per questo le parole sono così importanti: senza di esse non esistono osservatori e senza osservatori non è dato neppure sapere se esiste una realtà. Ogni atto linguistico non avviene in una realtà separata o in una rappresentazione di una realtà diversa. Ogni parola crea un solco e una perturbazione fisica nella realtà quotidiana che sperimentiamo come concreta e oggettiva.

Il web è in ultima analisi l'ingegnerizzazione dei processi narrativi umani scomposti in ogni loro piccola parte, in un sistema binario che consente di ricreare ogni tipo di realtà. È una specie di ingegneria genetica narrativa in cui gli elementi del genoma sono creati volontariamente e per questo conosciuti da subito. La combinazione di tali elementi può creare qualsiasi narrazione possibile. Il web crea per questo una realtà virtuale molto articolata, che è virtuale per definizione ma non meno reale della realtà che sperimentiamo ogni giorno.

Pensate a come nella nostra giornata viviamo solo in parte nel presente e nella consapevolezza del presente. La nostra mente è costantemente in presenza dei nostri pensieri fatti di parole e narrazioni che ci danno la consapevolezza di noi stessi. Pensate a quante volte durante la giornata facciamo un'azione o abbiamo un pensiero su una persona che non è fisicamente presente nella nostra realtà tridimensionale e "oggettiva". Accade continuamente: pensateci, e mentre ci pensate sta accadendo.

Ogni volta che la nostra attenzione è rivolta ai nostri processi interiori (pensieri, immagini, ricordi, sensazioni o ricostruzioni multisensoriali) la nostra realtà diventa virtuale. Ogni volta che non prestiamo attenzione alla realtà esterna del contesto in cui siamo, e ci distraiamo, anche solo per un attimo, in quell'istante siamo in quella realtà virtuale che per natura è simile al web.

Quando leggo le parole di Daniele che scrive dalla Florida, mentre ne comprendo il significato, la mia mente si stacca da terra e mi osserva dall'alto per spostarsi poi velocemente sulla mappa tridimensionale del pianeta, per fare poi uno zoom sulla parte meridionale degli Stati Uniti. Poi procede come in una immagine satellitare e si avvicina al terreno ed entra nella casa di Daniele tralasciando i dettagli e concentrandosi sull'espressione del suo volto che in un attimo mi trasferisce l'emozione dell'istante in cui ha scritto ciò che sto leggendo. Tutto ciò avviene in un momento in cui la mia mente va in un luogo virtuale alla velocità della luce annullando le distinzioni tra passato presente e futuro e producendo un'emozione reale.

Ogni pensiero e ogni atto linguistico ha un impatto sulla realtà perché noi siamo l'osservatore che influenza la propria realtà nell'atto stesso di osservarla. Quindi ogni cambiamento nella mia percezione, ogni mia programmazione del mio pensiero e delle mie azioni attraverso le mie parole produce una perturbazione e trasformazione della mia realtà, che è anche quella che percepisco più reale. Per questo in ogni nostro pensiero e in ogni nostra azione c'è il potere della creazione: la stessa che ha prodotto la narrazione che comprende le nostre narrazioni, il sistema che comprende il nostro sistema, la vita che comprende le nostre vite. Un giardino più grande che comprende il nostro piccolo o grande giardino.

La realtà così come la percepiamo è un algoritmo immenso e complicatissimo dove abbiamo la sensazione di una logica sottesa che non comprendiamo e che a volte chiamiamo Dio. Oppure stiamo semplicemente guardando la realtà da un punto di vista che parte dal presupposto della complessità che ci fa percepire complicata una realtà talmente chiara da risultare trasparente e perciò invisibile.

Il web è l'inizio di un clone flessibile della realtà in cui siamo stati immersi che ci permette di ricostruire tutto partendo dai singoli elementi. Siamo noi i creatori di questa dimensione narrativa fatta di bit in cui possiamo sperimentare il privilegio divino di dare un nome alle cose, proprio come in un romanzo di Márquez in cui il mondo era così nuovo da contenere numerosi oggetti ancora senza nome.

La parola dà consistenza alle idee, rende concreto un pensiero, fissa un attimo e occupa un posto fisico. La parola è magica e ha il potere di creare e trasformare la realtà, specie in una dimensione come quella del web in cui il mondo è talmente nuovo da aver bisogno di essere riempito di parole e storie. Per questo sul web ogni parola può essere magia: perturbazione di un sistema interconnesso e visibile a tutti in cui creare e negoziare la nostra identità. La scelta di una frase o di una singola parola andrà a creare un'onda che si propaga in una realtà virtuale che, per quanto detto, è l'unica che possiamo sperimentare. Decidere il proprio nome è l'atto di nascere in una realtà, l'atto di nascere in questa nuova dimensione.

Darsi un nome per definire un'impresa è un atto sciamanico di fissazione di una realtà a discapito di tutte le altre possibili. Scegliendo quel nome, scelgo di assumere una forma visibile agli altri, con la quale esercitare potere, ma anche subire potenzialmente, nella stessa misura, l'influenza degli altri. Anche sul web, come nei rituali magici il nome dovrebbe emergere ancor prima di essere pronunciato: lo sciamano sa che quando pronuncerà quel nome la realtà che ha visto un attimo prima nella sua mente, durante l'interruzione del suo dialogo interno, si creerà e prenderà forma così come descritta dalle sue parole. Ma quelle parole avranno quell'impatto solo se pronunciate dallo sciamano. Perché?

Per un motivo molto semplice: è la sua congruenza narrativa interna, la sua impeccabilità, che rende le sue parole così potenti. È la sua capacità di percepire la realtà completamente coincidente con le proprie descrizioni a rendere le sue nuove narrazioni così potenti da agire direttamente sul tipo di realtà fisica che noi reputiamo essere l'unica reale e che per lui è solo una zona diversa della stessa dimensione, reale come tutto il resto. Pensieri e realtà sono la stessa cosa.

E per dare un nome a un'impresa è necessario diventare sciamani? Non proprio, fortunatamente. Ma può essere utile capirne l'essenza e il potere. Lo sciamano non impara a esserlo, ma disimpara di aver disimparato a esserlo.

Prima di nascere ognuno di noi è un tutt'uno con la natura indistinta e inconsapevole. Quando nasciamo veniamo immersi nel flusso della vita e delle percezioni fisiche ed emotive: in quello stato siamo piccoli sciamani inconsapevoli con un grande potere, ma che non hanno ancora gli strumenti per creare la realtà. Poi apprendiamo gli strumenti linguistici per il controllo della realtà che ci danno la possibilità di esercitare potere, ma insieme a questo apprendimento spesso perdiamo il contatto con quel flusso vitale e con la dimensione del potere. Questo finché non accade qualcosa che annienta il nostro mondo e la nostra identità e ci dà il privilegio del Buddha: nascere per una seconda volta. A un passo dalla realtà flessibile che può essere cambiata con due elementi fondamentali: impeccabilità e parole.

Con questi due elementi potete creare le mappe narrative che definiranno la vostra realtà. Più forte sarà il vostro intento, più grande sarà il potere del vostro pensiero e delle vostre parole. Più netta sarà la vostra impeccabilità, più alto il vostro impatto sugli altri e sulla realtà. Più grande sarà il vostro potere, più evidente la vostra responsabilità.

Ma se uno vuole solo scegliere un nome per un'attività commerciale senza volerla complicare troppo? Bene, l'atteggiamento rispetto a quest'azione sarà anche l'atteggiamento che riceverete indietro da chi raccoglierà il vostro messaggio.

Se sceglierete con superficialità, sarete trattati con superficialità. Se metterete impegno e attenzione nella scelta e lavorerete sulla vostra congruenza e impeccabilità, vi sarete guadagnati il diritto di avere l'attenzione delle persone che si rivolgeranno a voi.

Il nome della vostra impresa sarà il soggetto della prima frase della storia della vostra azienda che, se sarete impeccabili si svilupperà seguendo la purezza dell'intento che avete messo nel pronunciare quella parola per la prima volta. Nomen numen.

IL MARCHIO
Il segno grafico dell'identità

Daniele

Il segno grafico. È il suo momento. Hai in tasca il nome perché lo hai creato per la tua impresa oppure perché già lo possedevi in quanto l'attività era esistente nel momento che hai iniziato a leggere questo testo. Adesso hai bisogno di farlo diventare un'opera d'arte, un'espressione simbolica che racchiude in essa gli elementi che abbiamo trattato sino a questo momento. Essi stessi saranno di distinzione per il tuo prodotto o servizio, saranno quel simbolo che evoca le giuste emozioni, quelle che ti contraddistinguono.

Chi può realizzare un marchio? Un grafico? Un web designer? È questa la domanda che molti si pongono. Oppure, come posso traslare il marchio sul web o viceversa passare dal web al mondo reale? La risposta è semplice ed è insita nella stessa domanda.

Necessitiamo di un professionista che ha nel suo *background* le due esperienze ed è riuscito a miscelarle facendo in modo di poter realizzare marchi che contengono alla loro nascita la possibilità di essere declinati nel mondo reale e virtuale come se essi stessi fossero permeati dai due mondi.

Senza sosta e senza limiti.

Colori, linee grafiche, tratti che nascono dalla penna e dal mouse di un professionista che coglie l'essenza, lo spirito dell'azienda stessa. Questo è il modo in cui deve nascere un marchio. Detto questo e presi in considerazione questi elementi il passaggio successivo è la scelta di far diventare lo stesso nome un marchio oppure originare un tratto, un simbolo, un elemento che si affiancherà al nome stesso. Facciamo degli esempi precisi.

eBay, nome e marchio sono lo stesso elemento. Facebook, Google, Linkedin, Harley & Davidson. Combinazione di elementi grafici che portano insieme il nome stesso dell'azienda.

Ferrari, altro esempio. Chi non conosce il mitico cavallino?

Diventato così forte da godere di vita propria esattamente come è accaduto per il baffo della Nike.

Ecco che quindi il dilemma sorge spontaneo. Che cosa fare, quale risulta essere la scelta migliore? Per dare una risposta dobbiamo approfondire alcuni elementi. Il web è per sua natura immateriale, intangibile non consentendo quindi all'azienda di giocare su alcuni sensi come nel mondo reale. Tatto, olfatto e gusto. La vista e l'udito (soprattutto la vista) saranno gli elementi dominanti per la comunicazione di un marchio. Nel mondo reale possiamo giocare su alcuni elementi come ad esempio la confezione che opportunamente costruita tramite la declinazione del marchio può avere un effetto devastante (vedi la storia della Apple).

Nel web la vista fa da padrona e proprio per questo è quindi importante riuscire a "impressionare" il cliente con elementi grafici che in poco tempo possano lasciare il segno nella memoria a lungo termine. Pochi secondi, a volte un solo secondo per memorizzare il passaggio di un nuovo marchio oppure per carpirne la reiterazione.

Torniamo quindi a noi. Scegliamo un simbolo a cui quindi associamo il nome oppure nome e marchio sono lo stesso elemento? Andiamo ancora più a fondo e cerchiamo di vedere insieme la forza di un marchio.

A seconda del loro potere di individualità si usa distinguere i marchi tra forti e deboli. La potenza di un marchio è elemento indispensabile per fare una scelta ponderata, attenta e duratura per la tua azienda o attività.

Distinguiamo due tipologie di marchi: marchio forte e marchio debole. Il marchio lo possiamo definire forte quando non ha nessuna attinenza con il prodotto o servizio che offre sul mercato. Lo abbiamo visto precedentemente con l'accenno al baffo della Nike. Originale, vive di vita autonoma e può essere sognato in totale autonomia da parte del cliente. Il marchio diventa così forte da identificare lo stesso prodotto o servizio. Ripetiamo quindi anche il richiamo alla Apple. La mela non ha nessuna attinenza al tipo di prodotto proposto e proprio per tale motivo diventa potente, capace di marchiare esso stesso il prodotto e di evocare addirittura uno stile di vita, un modo di esistere.

Il marchio diventa debole quando il suo tratto distintivo, la sua caratteristica è quasi priva di originalità e richiama in tutto e per tutto il prodotto o il servizio proposto. Puoi fare un'esperienza di marchi deboli facendo una semplice passeggiata nella tua città e osservando la maggior parte dei negozi. Una gelateria che come simbolo ha un gelato, la libreria che come marchio presenta un libro aperto, il concessionario di auto che fa sfoggio di una macchinina cartonata come elemento distintivo.

Vuoi avere un grande successo? Scegli un marchio forte. Questa potrebbe sembrare a questo punto la risposta corretta. Attenzione, abbiamo bisogno anche di considerare un altro elemento importante. Quanta energia, denaro, attenzione e lavoro dovremo mettere per fare in modo che il marchio si possa imporre? Se parliamo di un marchio debole è una procedura più semplice soprattutto nell'era ante web. Facilmente si passa nella mente del cliente e con la stessa velocità si verrà dimenticati. Anche in questo caso sul web puoi farti un giro "turistico" su combinazioni di questo tipo, di così basso valore che possono aiutarti e contribuire a fissare nelle memoria cosa non fare se si vuole avere successo nel medio lungo termine. Un esempio su tutti? Il professionista che nomina la sua attività di consulenza “Fare soldi con il trading” di cui scrive anche un “interessante” ebook e crea un marchio con l’abbinamento del dollaro o dell’euro che capeggia su di uno sfondo con un “innovativo” grafico borsistico. Inebriante, non trovi? Personalmente lo considero dequalificante, dozzinale e soprattutto miope, molto miope. Può andare bene per un corso, per un’attività specifica (anche se comunque può risultare dequalificante) ma non sicuramente per un’attività che vuole raggiungere grandi traguardi, per un’impresa che ha ambizioni serie.

Il marchio forte necessita di solide fondamenta, di attenzione continua. Il marchio forte va coltivato, curato, coccolato e lucidato ogni giorno. Non sarà un passaggio veloce, ha bisogno di tempo perché esso stesso possa essere interiorizzato dal cliente. Hai però un vantaggio tramite il web marketing che rende questo processo più semplice, più veloce mantenendo le caratteristiche di potenza e solidità. Il web ti consente di andare ovunque, rapidamente, tramite una rete neurale che oggi collega centinaia di milioni di persone.

Ricorda quello che ha scritto Charlie nel paragrafo precedente: scegli con superficialità e verrai trattato con superficialità. Quindi scegli con valore e vedrai moltiplicare all'infinito il valore del tuo marchio, come se avessi evocato un incantesimo. Mi sento quindi tranquillo nel cercare di spingerti verso il marchio forte e di tralasciare la scelta del marchio debole. Suggestivo, immaginifico, completamente privo di riferimenti con ciò che è il core business della tua attività, della tua impresa.

Esprimi la tua idea, la tua visione, la tua missione a un professionista. Il nome lo hai scelto, adesso è il marchio, il segno grafico che deve scegliere te. Solo parlandone, solo con l'espressione verbale a un altro, distinto da te, puoi ottenere la manifestazione del marchio stesso. Il professionista elabora, crea, propone.

Prenditi il tempo necessario. Il marchio è un amore a prima vista. Se hai dei dubbi scarta, se senti un piccolo disagio elimina, se ti fai la domanda "andrà bene?" mettilo da parte. Ricevi il file con le proposte, scorri le immagini con la curiosità di un bambino o di una bambina. Così, come fosse un gioco. Lo senti, lo percepisci, ti emozioni quando lo incontri per la prima volta. Non sai perché, non riesci a dare una spiegazione del motivo però il marchio è quello. È sempre stato quello. Anzi, ti sembra che il professionista abbia materializzato qualcosa che tu avevi già visto ma semplicemente non ne eri ancora consapevole. È così che si sceglie un marchio, con passionc cd amorc. Nomc c marchio si fondono in un abbraccio come se si fossero sempre conosciuti.

Follia "il colpo di fulmine" per il tuo marchio? I successi sono sempre frutto di menti folli che proprio per una spiccata dose di anticonformismo riescono a fare e dire qualcosa che valga la pena di essere ascoltato anche fosse solo per il fatto che una follia ci aiuta a uscire dall'ordinario, dallo scontato, dal programmato. E quindi colpisce, lascia traccia, crea un solco. Tutto quello che farai porterà il tuo marchio; fidati, è un gioco di passione tra te e il mondo.

• • •

Charlie

Quando si parla di segni grafici e soprattutto di simboli, la mia mente si ipnotizza e rallenta. Lo studio del simbolo e dei suoi usi rituali e terapeutici è stato l'argomento centrale di alcune ricerche approfondite che ho condotto più di dieci anni fa.

Lo stimolo di Daniele porta la mia mente ad aprire finestre immense dove è facile perdersi. Finestre di meditazione profonda che mi hanno spinto in questi giorni a cercare e ritrovare la mia tesi di laurea che tratta proprio dei simboli e dei miti dell'umanità. Rileggendo le mie parole di molti anni fa riscopro la prima funzione di un simbolo: cambiare il nostro stato di coscienza proiettandolo in una dimensione onirica che si accompagna a un piacere fisico dato dal rallentamento delle nostre onde cerebrali.

Proprio così, questo è quello che fa un buon simbolo: "ipnotizzare" chi lo guarda anche solo per un istante in cui la persona associa ciò che vede all'esterno con un processo interiore che gli attribuisce un significato. Il simbolo che non attrae rimane all'esterno della mente della persona non stimolando alcun processo inconscio e soprattutto non entrando nel mondo immaginativo del soggetto.

Da tempo gli esperti di marketing si sono accorti del potere dei simboli e dell'importanza dello stato di coscienza del cliente nell'effettuare una scelta spesso irrazionale. Ma quali sono i simboli ipnotici? Tutti quelli che hanno il potere di condurre una persona attraverso le tre fasi di ogni ipnosi. Il famoso ABS che ogni buon ipnotista conosce: dove A sta per Attrarre l'attenzione, B sta per Bypassare la mente conscia e S sta per la Stimolazione di una risposta inconscia. E questo che cosa vuol dire? Vuol dire che un simbolo deve avere la caratteristica di colpire l'attenzione delle persone, di non dare informazioni troppo definite, obbligando così il soggetto a rivolgersi al suo interno per trovare un significato (bypassando dunque la mente conscia e il fattore critico) e stimolare infine una risposta inconscia: produrre cioè un'emozione che predispone allo stato e all'azione che vogliamo provocare.

Ma ci sono già dei simboli che producono tutto questo? In realtà la maggior parte dei simboli che vediamo essere utilizzati dai pubblicitari sono rivisitazioni e sintesi di alcuni simboli archetipici utilizzati per migliaia di anni dall'uomo fin dalle prime rappresentazioni rupestri. Tali simboli, piuttosto che essere delle copie l'uno dell'altro, sono spesso frutto di un'esplorazione interiore inconsapevole che porta ad attingere da una matrice comune: il cosiddetto inconscio collettivo. Proprio in questo luogo troviamo simboli astratti come la croce, che si è sviluppata in migliaia di possibili forme e rappresentazioni di persone, luoghi, movimenti politici e religiosi. Il triangolo equilatero come segno alchemico contenuto nella rappresentazione di ciascuno dei quattro elementi. Il cerchio come simbolo del vuoto e della comprensione di tutto lo spazio esistente. E poi altri simboli più figurativi come il leone, l'acqua, il fuoco, l'oro e molti altri che hanno attraversato i secoli e tutte le culture umane.

Nella scelta di un simbolo che vi rappresenti nella vostra impresa è necessario stimolare il vostro inconscio attraverso un percorso di meditazione esplorativa basata sui simboli primitivi. Dedicate qualche ora alla ricerca delle rappresentazioni di alcuni simboli alchemici.

Prendetene almeno dieci e riproduceteli a mano per poi appenderli in un luogo visibile, in uno spazio in cui trascorrete del tempo ogni giorno. Per almeno sette giorni osservate ogni simbolo appeso, per più volte al giorno, senza fare altro. Poi per i successivi sette giorni, lasciate i simboli appesi e iniziate a portare con voi un piccolo blocco tascabile su cui fare degli schizzi di rappresentazioni di simboli che vedete in giro durante la vostra giornata e che per qualche motivo attraggono la vostra attenzione.

Una volta tornati a casa appendete ogni nuova rappresentazione realizzata accanto ai simboli alchemici. Fatelo ogni giorno. Infine per gli ultimi sette giorni ritagliatevi ventuno minuti al giorno per meditare creando lo spazio perché il vostro simbolo si manifesti. Il numero dei giorni e dei minuti ha di per sé una funzione simbolica di stimolazione inconscia. Per la meditazione procedete così: procuratevi una sveglia e puntate l'allarme ventuno minuti dopo.

Voltate la sveglia, chiudete gli occhi e immaginate di essere sulla riva di un fiume con i vostri piedi nudi immersi nell'acqua che scorre. Se non riuscite a visualizzare, concentratevi sulla sensazione che vi dà l'acqua che scorre o sui rumori che vi circondano in quell'ambiente. Immaginate che ogni pensiero si trasformi in una foglia che cade da un albero e che galleggiando si avvicina a voi, per poi sfiorare i vostri piedi, per poi allontanarsi fino a scomparire completamente. Rimanete seduti ad osservare i pensieri che si trasformano in foglie che si avvicinano e poi si allontanano, fino a scomparire e aspettate senza fretta. Aspettate che suoni la sveglia e poi chiudete l'esercizio ringraziando.

Fatelo per almeno sette giorni aspettando l'arrivo del simbolo giusto che riconoscerete. Sarà quello che in un istante Attrarrà la vostra attenzione, Bypasserà la vostra mente conscia e Stimolerà una risposta inconscia di eccitazione, sorpresa e gioia, come se rivedeste qualcuno dopo tanto tempo che non pensavate di incontrare di nuovo. Appena questo avviene, fate un disegno del simbolo che si è manifestato e ringraziate internamente per questo dono. Così facendo assocerete anche l'espressione della gratitudine a questo simbolo che vi accompagnerà per molto tempo. Anche se non è un processo logico, abbiate fiducia che il simbolo arriverà, quando meno ve lo aspettate: o durante la vostra meditazione quotidiana, o nei vostri sogni, o in un altro momento inaspettato della giornata.

Lo so, sarebbe più semplice commissionare il lavoro a qualche esperto di turno o copiare direttamente qualcosa che esiste già. Oppure creare un simbolo che possa colpire i vostri clienti sulla base di ciò che gli esperti di marketing vi potranno dire, ma vi assicuro che non sarà la stessa cosa. Questo non è il simbolo di una delle tante cose che farete o il segnaposto del monopoli. Questo è il simbolo dell'intento condensato della vostra impresa, di quella parte della vostra identità che avete appena scoperto e che volete che si esprima così come l'avete sentita in questo momento.

Questo simbolo è di estrema importanza perché ha il compito di ipnotizzare voi stessi prima degli altri. Ha il compito di ricreare quello stato di assoluta certezza e congruenza rispetto a quello che volete fare e soprattutto esprime chi volete essere nella vostra nuova identità potenziale.

Ogni volta che rivedrete il simbolo che il vostro inconscio ha creato potrete attingere a quell'energia universale da cui nasce. Potrete attingere alla forza primordiale che lega quel simbolo alla dimensione inconscia e che lo rende più forte e potente di qualsiasi processo logico. Saprete che la sua nascita è legata a un atto magico, a un rituale che avete condotto per esercitare potere sulla creazione stessa. In questo modo il vostro simbolo sarà davvero potente.

E se dopo i sette giorni non emerge nessun simbolo? Vuol dire che non siete pronti. Che l'inizio dell'impresa va rimandato. Siete ancora troppo orientati alla dimensione razionale per dare un significato più profondo al vostro intento. Dovete prendervi altro tempo per prepararvi. Dovete prendervi altro tempo per addestrarvi alla disciplina quotidiana dell'impeccabilità e della congruenza e stimolare il vostro inconscio con immagini simboliche ripercorrendo il rituale dei ventuno giorni così come descritto sopra.

Quando sarete pronti il simbolo arriverà e saprete all'istante che è proprio ciò che stavate aspettando. A quel punto, ma solo a quel punto, fatevi aiutare da un grafico per trasformare la vostra bozza in qualcosa di più simile a ciò che si è manifestato dal vostro inconscio. L'atto creativo dovrà sempre e comunque essere il vostro.

La domanda è: ma tutte le imprese di successo realizzano così i propri marchi? No, quasi nessuno lo fa ed è per questo che state leggendo questo libro e farete qualcosa di diverso rispetto a tutti gli altri, proprio perché non siete come gli altri. Il vostro simbolo sarà un simbolo vero che non è costruito artificiosamente da altri per gli altri, ma da voi per voi stessi. Non sarà il tentativo di piacere, ma l'atto espressivo del vostro essere, così come siete, totalmente congruenti e trasparenti. In modo che il simbolo sia parte di voi e specchio della creazione attenta e appassionata della vostra impresa.

Inoltre se il simbolo che emergerà sarà ipnotico per voi, lo sarà anche per tutte quelle persone che sono proprio le persone che scoprirete più adatte per condividere il viaggio di conoscenza ed esplorazione del vostro futuro e di tutte le possibilità che racchiude. In questo modo il simbolo non sarà la rappresentazione della vostra impresa, ma l'impresa stessa nel suo continuo atto di nascere dall'inconscio collettivo proiettandosi nell'espressione massima delle sue potenzialità. Voi siete il simbolo che sarà l'impresa.

IL BRAND

Le storie che donano un senso

Daniele

Mi scopro a rileggere da capo il carteggio ogni volta che ricevo il testimone, ogni volta che ci troviamo al passaggio di mano. Nello specifico scorro l'ultimo punto di Charlie sul logo e vado più a fondo di quello che faccio di norma. La strategia consigliata, l'approccio indicato è intenso, quasi magico e merita tutta la mia attenzione e penso anche la tua per realizzare al meglio quello di cui stiamo parlando.

Proprio in questo momento nel nostro gruppo stiamo elaborando il Marchio, quello che ha la M maiuscola, che va a completare alcuni settori fondamentali e proprio per questo seguo questo consiglio, voglio applicarlo e sperimentarlo. Un libro vivo, un carteggio che si insinua nelle pieghe dello spazio tempo? Lo avevamo promesso sin dall'inizio e sta accadendo e farà in modo che accada anche a te che stai sfogliando mentalmente queste parole.

È arrivato il momento di parlare di *brand.* Spesso nelle attività online viene sottovalutato, quasi come se fosse qualcosa che appartiene al mondo reale. Il web a volte viene considerato come un fratello minore del business e sembra essere degno di poter ricevere la declinazione di brand già esistenti. Nulla più. Ovviamente non è così. Anzi, è sufficiente vedere cosa si è verificato con i brand di grandi *Web Company* o semplicemente cosa è successo dal mondo dei videogiochi a quello del cinema.

Dobbiamo quindi fare attenzione al brand, a quella "cosa" che hanno in testa le persone quando leggono il nome della nostra azienda o quando vedono il marchio della nostra azienda. Emozioni, pensieri, associazioni, ricordi che improvvisamente danzano sul palcoscenico della nostra mente stimolati da un'unica lettera, da un unico simbolo grafico.

Il brand è uno scrigno multidimensionale che contiene tutto quello che internamente ed esternamente riguarda l'impresa, quello che in fondo risulta essere il percepito da parte del cliente dello spirito della tua attività sia che essa sia un'attività artigianale sia che tu oggi diriga una multinazionale. Complesso? Sì, molto complesso. È proprio per questo che necessitiamo di semplificare, per fare in modo che tu possa intagliare un'opera d'arte da quello che per una buona parte delle persone è solo un blocco di marmo.

Cosa scolpire? Cominciamo da un fatto semplice. Nessun brand può nascere se non sulla storia, sulla narrazione della nascita dell'azienda come se l'idea, il sincronismo, l'incontro apparentemente fortuito fossero in sé il concepimento del brand. L'azienda, piccola o grande che sia, nasce prima che qualcuno se ne accorga e solo quando sarà manifesta, sarà qualcosa di concreto, sarà possibile a ritroso tornare al momento fatidico. Quindi come atto consapevole narra la storia, comunica la leggenda della tua impresa.

Leggi le biografie dei grandi che hanno fondato qualcosa di importante e scoprirai che la narrazione, il mito, la favola sono sempre e dico sempre presenti. Questa azione definisce in qualche maniera i primi contenuti del brand che successivamente viene modellato, riempito, plasmato dai tuoi clienti.

Anche se la tua impresa è sul mercato da tanti anni comunque è arrivato il momento di farne una revisione concettuale. Qualcuno potrebbe chiedersi "per quale motivo?".

Semplice. Il web ha cambiato tutto il modo di pensare al business e ha consegnato nelle nostre mani strumenti di potenza mai vista prima. Racconta la tua storia, diffondila nei social media e ascolta come vibrano le persone che scriveranno, che commenteranno, che risponderanno. Sono loro che creano il brand. Sono gli allievi che danno il nome al Maestro, sono loro che ne percepiscono la vera essenza.

Da cosa è composta quindi questa essenza? Dall'esperienza che i clienti fanno della tua azienda, dal ricordo che ne traggono, dalla capacità del tuo brand di radicarsi ed essere riconoscibile appieno e direttamente nel momento che si ripresenta sotto gli occhi del tuo cliente, dell'amico del tuo cliente, del navigatore che distrattamente era passato dal tuo sito, dalla tua fan page.

Gli antichi dicevano “repetita juvant”. Mai detto fu più vero con l’avvento del web. L’esperienza del cliente in merito al tuo brand oggi non è direttamente e unicamente collegata al servizio, anzi, apparentemente ne deve essere staccata.

Siamo in un mercato conversazionale dove il “boccino” lo tiene il cliente e non più l’azienda. Lo stesso brand è patrimonio degli “utenti”. Una totale sovversione del concetto.

Come fare allora a sviluppare un brand conversazionale? Attenzione al passaggio, attenzione al vero valore del brand. Esso stesso oggi deve consegnare elementi importanti, informazioni, emozioni, possibilità di network conversazionale e chi entra in contatto con il mondo che orbita intorno a tale marchio. Valore vero, valore che vale la pena di assimilare.

Torniamo al concetto espresso da Charlie nelle prime righe di questo libro. Devi guadagnarti il diritto di distrarre le persone verso la tua azienda e che il tempo impiegato ne possa valere la pena.

Quindi il brand della tua azienda deve contenere elementi di valore pulsanti che contestualizzano il brand nella sua interezza.

Facciamo un esempio insieme. Un *corporate blog* fatto per aumentare la *brand awareness* dell'azienda in cui ogni giorno, con grafica accattivante, contenuti ben formattati, fotografie professionali su cui vengono pubblicati articoli che decantano la bellezza, la funzionalità, l'unicità dei prodotti venduti. Quanto può valere? Poco, molto poco. Anzi, è il modo per affossare il brand.

Ritorniamo al nostro corporate blog. Stessa cura con articoli però che contengono informazioni importanti e di valore che incuriosiscono il lettore, che aggiungono un valore e intorno ai quali l'azienda stessa favorisce le discussioni, il confronto e la creazione di nuovo valore. Quanto vale tutto questo? Tantissimo, molto, più di quanto forse tu possa pensare.

Un sogno, un ideale di vita, un punto verso il quale il tuo cliente possa convergere. Un'automobile di lusso vende potere, vende manifestazione sociale di ricchezza. Un vino può vendere convivialità, può vendere un sistema per dimenticare, può vendere una riprova sociale di essere veri uomini.

Come fare quindi a fare "brand" e, come scrivevo, prima "brand conversazionale"? Attivando i canali che consentono di creare un dialogo intorno al brand, una comunicazione e un'attenzione costruttiva che genera un senso di appartenenza. Canali dove il navigatore, l'utente, il cliente possano lasciare la loro traccia, la loro emozione. Allora oggi parliamo di fan page su Facebook, di canale YouTube, di forum, di blog e molti altri strumenti.

Oggi il brand richiede impegno diretto delle persone che lavorano nell'azienda stessa. Richiede attenzione, cuore, passione e anima del management. Richiede che chi dirige l'azienda si sporchi le mani. Avere il coraggio di esporsi pubblicamente, di mettersi in discussione, di tirarsi su le maniche della camicia (elemento diventato fondamentale nelle immagini della campagna di Obama, ora presidente degli Stati Uniti).

Più avanti entreremo nello specifico della metodologia. Quello che è importante ora è rendersi conto che il brand è lo specchio dell'anima di chi lavora nell'azienda, dalla testa sino ai piedi.

• • •

Charlie

Il brand è proprio la sintesi delle storie che ruotano attorno a un marchio e un'azienda. Esso è determinato da tutto ciò che si racconta all'interno e all'esterno. L'azienda è per così dire l'attrattore caotico che ordina il caos indistinto attraverso processi narrativi complessi, ma identificabili. È qui che l'azienda emerge e si immerge nelle proprie narrazioni, arricchendole con quelle dei clienti.

Noi siamo l'insieme di tutte le nostre storie. Nient'altro. Tutto il resto è secondario. Noi non siamo il nostro corpo, la nostra casa e i nostri oggetti. Non siamo neppure le nostre emozioni e sensazioni, se non sono inserite in un'identità fatta di storie. Le storie organizzano e creano la realtà, attraendo altre storie. Come sono le vostre storie? Sono interessanti, avventurose, straordinarie? Sono poche e superficiali? Sono allegre e spensierate? Sono tristi e senza speranza?

Come sono le vostre storie, così siete voi. Le storie e la descrizione della realtà sono il primo passo nel processo di autoconsapevolezza dell'uomo. L'uomo diventa tale staccandosi dalla dimensione indistinta dell'universo. L'uscita dal paradiso terrestre non è una punizione, ma l'espressione dell'intento di essere consapevoli della complessità del mondo. L'universo divino che percepisce la sua straordinaria perfezione ha bisogno di "svegliare" qualcuno per descrivere la bellezza del sogno. Adamo coglie il frutto dell'albero della conoscenza del bene e del male e da quel momento percepisce la bellezza di ciò che prima lo includeva e che lo accoglierà di nuovo alla sua morte. Che senso ha tutta questa bellezza e complessità se non ne possiamo essere consapevoli anche solo per un istante?

Le nostre storie sono il nostro risveglio dall'universo indistinto. Sono la celebrazione della perfezione universale attraverso l'apertura di singole finestre sulla realtà. È "Dio" che si affaccia nel mondo potendo essere uno e tutti contemporaneamente. Potendo sentire nel suo corpo la gioia e la sofferenza, la rabbia e l'amore. Potendo raccontare a se stesso e alle altre parti di sé cosa si vede e si sente dalla sua finestra, dal suo corpo e dal suo cuore. Le storie creano le finestre nella loro forma e posizione. Se la finestra sarà piccola e bassa, arriverà poca luce e vedrete passare solo i piedi delle persone, qualche topo e scarafaggio. Se la finestra è troppo alta, vedrete l'azzurro del cielo e qualche nube, ma non ci saranno persone nella vostra vita. Se la vostra finestra sarà una parete di vetro, vedrete tutto senza poter toccare niente. Quando saprete di essere voi stessi la finestra, a quel punto vedrete tutto contemporaneamente scegliendo cosa vivere e raccontare.

Nessuno dei vostri racconti cambierà la perfezione dell'universo, né quelli positivi né quelli negativi. È solo la vostra unica possibilità di essere consapevoli del tutto. La vita continuerà a scorrere all'infinito in un'eterna dinamica tra vita e morte, piacere e sofferenza e ogni altro estremo inventato da Dio per farci sentire di essere vivi. Chi non vorrà soffrire non proverà piacere, chi non vorrà morire non vivrà. A voi la scelta.

Se vivrete come se foste il protagonista di una storia straordinaria, sarà questo che avverrà. Se vivrete immersi in una tragedia, sarà questo che avverrà. Se vivrete come parte della perfezione divina, sarà questo che avverrà. Le vostre storie attraggono e creano la vostra realtà. Le storie vi collegano alle vostre dimensioni più profonde e agli altri, nel passato e nel futuro.

Raccontare ciò che vedete, non è una storia. Dare un senso a ciò che vedete, è una storia. Ci sono popolazioni antiche che basano tutto sulle storie, perfino la descrizione dell'ambiente. Nella cultura aborigena australiana non c'è un concetto di "Mappa visiva" come noi la intendiamo. Non esistono cartine geografiche, ma percorsi narrativamente connessi: i luoghi non possono essere vicini fisicamente se non sono legati da storie. La vicinanza fisica non è una vicinanza reale. Le storie possono rendere i luoghi lontani attaccati, addirittura sovrapposti.

Le storie possono trasformare luoghi vicini in luoghi che non si sfiorano neppure o che addirittura non esistono. Gli sciamani aborigeni cantano le storie di ogni luogo sacro, diventando presenti contemporaneamente in luoghi diversi. Ogni luogo dell'Australia esiste per gli aborigeni solo se possiede una storia, un qualche evento rilevante che sia avvenuto in quel luogo e che poi venga narrato nei canti dello sciamano. Se il luogo non è nei canti sciamanici, semplicemente non esiste.

La cultura aborigena ha centomila anni di storia ininterrotta e nelle proprie narrazioni racchiude il passaggio reale dalla consapevolezza animale dell'uomo primitivo al *sapiens sapiens*. Il passaggio dall'essere animale indistinto all'uomo autoconsapevole. Questa cultura sa che sono state le storie a fare in modo che gli uomini si potessero evolvere e diventare autoconsapevoli e percepire la meraviglia dell'universo.

Lo sciamano sa anche che ogni storia è la creazione di una nuova realtà e di un nuovo livello di consapevolezza che ci consente di percepire nuovi mondi ancora inesplorati. Ogni storia crea una realtà che nella sua esplorazione diventa reale. Da qui il grande potere delle storie come strumento magico di creazione del mondo.

Nei miei viaggi ho raccolto molte storie e ho vissuto per attrarle.

Ho parlato e dedicato del tempo a chiunque avesse una storia da raccontarmi. La mia attenzione è il premio per il suo sforzo. Trovo frammenti di storie ovunque. Storie che si toccano, storie che si contraddicono, storie che si risvegliano dopo cinquant'anni di silenzio. Trovo le storie della mia famiglia nascoste nella mente di una persona inaspettata che proprio due giorni fa mi racconta: "Mi ricordo del tuo bisnonno Agenore e della tua bisnonna Beppa che venivano a bottega da mia mamma".

E io mi fermo per un attimo, sapendo che sta per avvenire qualcosa di magico. Che la mia mente e le mie emozioni tra un istante viaggeranno nel tempo alla velocità della luce: "Sai, ricordo quando Agenore ebbe l'ictus ed era in fin di vita all'ospedale. Ricordo la forza di sua moglie Beppa che prima che lui morisse, vendette tutti i mobili della loro camera da letto per racimolare qualche soldo e per non legarsi a tristi memorie. E poi Agenore ce la fece a sopravvivere e tornò e scoprì con grande sorpresa che la sua camera non c'era più".

La vita che passa e noi che passiamo attraverso di lei cercando di lasciare un segno che se ne va all'istante, con la prima marea. E la voglia di esserci comunque, riprendendo il controllo della propria storia e della propria vita. E poi l'amico mi racconta ancora che più di quindici anni dopo, quando mia bisnonna Beppa ormai era morta da anni, che una mattina Agenore arrivò tutto allegro a bottega con la carrozzina a manovella, in una limpida giornata di primavera. Saranno state le sei del mattino. E gli disse: "Un caffè, corretto!", e lui: "Buongiorno Agenore, come mai così presto stamani?", e il bisnonno: "Con questa bella giornata voglio andare a Firenze a godermi quest'aria fresca, e con la carrozzina mi ci vorranno quattro ore". E l'amico: "Ma non l'accompagna nessuno?", e lui: "Sarebbe più semplice, ma così sarei solo un invalido che si fa accompagnare in gita a Firenze, andando da solo invece avrò qualcosa da raccontare".

Le storie ci inseguono per anni e poi si fanno trovare proprio nel momento giusto. E voi quali storie potete raccontare? Come nasce la vostra impresa? E ancor prima, come nasce quell'emozione incontenibile che vi ha portato ad iniziarla?

Non avete una storia? Tutte le giornate che vivete senza produrre una storia verranno dimenticate. Verranno inghiottite dall'indefinito, da

ciò che non si distingue dal tutto. Prendete carta e penna e iniziate a scrivere la vostra storia. La storia stessa si distingue dalla preistoria per il fatto che qualcuno ha iniziato a scrivere ciò che avveniva.
Se volete una vita piena di storie da raccontare, tracciate un percorso insolito da seguire e iniziate il viaggio. Accettate le sfide proposte dal percorso e lottate per raggiungere la meta, indipendentemente che sia veramente importante o meno, per voi sarà la più importante, dall'inizio alla fine del viaggio.

Alla fine del percorso avrete un'altra storia da raccontare, dalla quale partire per creare le vostre prossime storie e soprattutto conoscerete un'altra parte della vostra identità potenziale. Centinaia di storie vi aspettano nei luoghi che avrete il coraggio di esplorare. E se anche un giorno perderete tutto, scoprirete, ad ogni passo, di avere trovato voi stessi ogni giorno di più.

IL NUOVO MONDO: PRESENZA E MISSIONE

Esserci per un motivo importante

Daniele

Essere presenti. Una specie di ritornello che con le sue pinze è in grado di attanagliare qualsiasi persona e impresa che dopo essere sbarcata per prova, distrattamente o per gioco sulla rete ne valuta invece, da un certo punto in poi, la validità e anzi la sua fondamentale necessità. Proprio per questo ci si ritrova a camminare su un percorso sempre più ripido.

Farsi trovare su Google, farsi vedere sui social network, aggiornare i profili, inserire i contenuti, rispondere ai commenti, aggiornare il software, rendersi diversi dagli altri, dare degli elementi in prova gratuita, essere sempre disponibili a qualsiasi orario con gli strumenti più all'avanguardia, rasentare la perfezione nel sistema perché i commenti negativi sono dietro l'angolo ed essere presenti ovunque parlano.

Per ottenere quale risultato? Quello di essere presenti. Facciamo attenzione insieme a questa affermazione. Essere presenti...a che pro? La presenza non è un fine bensì uno strumento tramite il quale raggiungiamo il nostro fine, con il quale possiamo completare la missione che ci siamo posti come professionista o azienda.

La presenza è il veicolo tramite il quale narriamo la storia di cui ha parlato Charlie, è il vascello che solca l'immenso oceano del web alla ricerca di simili, di persone che vibrano come noi, di esseri viventi che in qualche modo si sentono vicini alla nostra narrazione e per tale motivo possono esserne ispirati. Quindi per poter parlare di presenza dobbiamo prima parlare di missione. Senza di essa diventa una mera macchina che non fa altro che aumentare in maniera esponenziale la richiesta di risorse e di attenzione.

Missione. Una parola densa di significato di cui si è abusato e si abusa nella maggior parte delle aziende ed anche oggi sempre di più nei corsi di formazione. Proprio per questo viene sottovalutata, quasi come se parlandone se ne fosse completato il significato. Invece non è così. Va ripetuta, rivista, approfondita, delineata, rivista ancora e infine discussa sino a quando si sente che è proprio quella giusta per noi e per la nostra azienda. Come esserne ancora più sicuri? Rileggi la tua storia, quella della tua azienda e come per magia la missione emerge nella sua bellezza, nella sua integrità e proprio per questo verrà percepita dal tuo cliente come vera, come frutto del tuo essere, come lo spirito stesso dell'azienda.

Ti voglio raccontare una storia da me vissuta. Incontro tramite amici un imprenditore che dopo tanti anni di esperienza, acquisizione di competenze e studi decide di fondare una struttura agricola e di allevamento che possa portare avanti un sistema biodinamico e che possa fare in modo che le persone che appartengono a questa impresa condividano un progetto di vita molto interessante, una sorta di villaggio ecosostenibile. Vivono ai limiti tra il passato e il futuro in una sorta di realtà che interseca la vita che si ritiene comune e un'altra che si legge solo nei racconti.

Hanno oggi una richiesta di alimenti talmente alta che se

soddisfano solo il 30-40%, il resto rimane senza nulla. Se il formaggio è finito, è finito. Le vacche fanno tot latte e quindi chi arriva tardi rimane senza. Le consegne ai clienti le fanno loro con il pulmino magari spostandosi di 300 km per poi tornare a casa. Fanno il vecchio e classico giro di consegne. Siamo loro clienti e parlando da alcuni nostri amici una sera gli chiesi come mai non aumentava l'impresa per poter soddisfare i clienti che rimanevano fuori e per quale motivo non metteva in piedi un sistema di distribuzione che sarebbe potuto arrivare ovunque e non solo nel raggio di azione della loro consegna individuale (oltre per il fatto che occupa anche il loro tempo personale).

Per me allora era incomprensibile. Fu un grande momento per me perché mi rispose con la sua missione. Creare un sistema in equilibrio con il quale poter contribuire a migliorare la vita delle persone e poter dimostrare che è un sistema sostenibile per le persone, gli animali e la natura in generale oltre che ottenere un impatto considerevole sulla salute di chi si alimenta in tal modo. Le consegne? Con un piccolo sorriso mi si avvicina e mi dice con un tono di voce più basso: ”lo so che potrei andare ovunque con le spedizioni ma a noi piace incontrare i nostri clienti, fermarsi a prendere un caffè…per noi la consegna è il modo per stare con chi ci segue in questo percorso, un modo per ricordare a tutti che possiamo prenderci degli spazi con gli altri e con calma". Chiaro, lapalissiano, da lasciarmi a bocca aperta. Avevo dato per scontato una missione di business specifica mentre invece il modello di business di questa impresa è solo il veicolo per raggiungere una missione più grande.

Quindi? La domanda è proprio indirizzata a vedere con chiarezza il tuo albero, quello di cui tu e la tua famiglia da secoli raccontate la storia con la vostra vita. Quale missione vuoi o stai portando avanti?Specificala, scrivila, comunicala. Hai già un'azienda? Prendi i tuo dipendenti e fai compilare un unico questionario con un'unica domanda. Quale missione tutti i giorni, quando vieni a lavorare in azienda, stai contribuendo a portare avanti?

Stupisciti delle risposte, saranno una diversa dall'altra, a meno che tu ne abbia condiviso gli elementi in maniera precisa e quindi per il processo selettivo siano ora presenti in azienda solo persone allineate e che anzi sentono propria la missione stessa.

Perché la missione è così importante? Vediamolo ancora più approfonditamente insieme. In un mondo dalle infinite possibilità di comunicazione, in cui il verso della stessa è bidirezionale, puoi immaginare cosa possa portare.

Nel vecchio mondo una comunicazione fatta da televisione, radio e cartellonistica poteva e può raggiungere milioni di persone. Tali persone però ricevono la comunicazione e l'unica cosa che possono fare è decidere di comprare o meno il servizio o il prodotto. Quindi la tua azienda poteva concentrarsi sulla migliore comunicazione persuasiva, le migliori strategie di vendita e quindi essere efficiente nell'evadere tali richieste. Oggi il gioco è cambiato. Puoi sempre emanare una comunicazione a milioni di persone ma queste persone, questi clienti risponderanno uno ad uno e con la stessa forza di impatto della tua comunicazione ed anzi a volte più forte della tua.

Ecco quindi che è semplice capire perché le aziende e i liberi professionisti sono andati in tilt. Prima parlavano a un massa di muti che potevano rispondere solo con l'azione di acquisto oggi invece parlano a una massa di muti che hanno acquistato per miracolo la voce (ed anche potente) e prima di acquistare tramite la loro conversazione, di cui che tu ne faccia parte o meno a loro cambia poco, decideranno insieme il successo o meno della tua azienda o professione. E, udite udite, quella parte avviene prima che il prodotto o il servizio si affermino. E tanto più si spinge sui canali tradizionali o si spinge sulla rete con la modalità tradizionale, tanto minori sono i risultati.

Oggi il tuo vicino di casa ha la stessa possibilità di bucare il mondo con un brand di quella che ha la Coca Cola. Incredibile? Bisogna aprire gli occhi sui numeri e sui fatti. Quindi ecco perché la missione, frutto della storia, che deve originare il frutto delle presenza deve essere chiara, limpida e cristallina e quindi comunicata.

Oggi il potenziale consumatore è più informato e più potente. Va rispettato con un atto di verità, coerenza e congruenza. Quindi carta e penna e mettiamo giù la missione, di getto, quasi istintuale. Poi procediamo nel lavoro di fino, di revisione, di aggiustamento.

Pensa a queste due parole. Efficacia ed efficienza. Le troverai più avanti quando entreremo nei vari strumenti operativi sulla rete. Questi due sostantivi hanno la stessa radice etimologica derivante dal latino. Quindi simili ma pericolosamente differenti per un dettaglio.

Efficace significa essere in grado di raggiungere un obiettivo prefissato. Facciamo un esempio. Devi superare un esame di ammissione. Utilizzi i metodi di lettura, di memoria e di utilizzo della mente classici e questa strategia ti consente con sole cento ore di studio di superare l'esame. Il tuo amico usa le tecniche di lettura e memoria efficace di cui ha fatto corsi specifici e per lo studio usa nello specifico le mappe mentali. Passa anche lui l'esame con cinquanta ore di studio. Tutti e due efficaci, tutti e due avete passato l'esame. Ma come noti dal dettaglio numerico lo stesso obiettivo è stato centrato in tempi diversi. Il tuo amico è stato più efficiente. A parità di obiettivo ha consumato il 50% delle risorse in meno. Non male. Ora trasporta questo nel nuovo mondo. La tua azienda vuole raggiungere qualche migliaio di clienti (tanto per iniziare). Obiettivo raggiungibilissimo (supponiamo che sia, ad esempio, avere una lista profilata di mille anagrafiche interessate al nostro prodotto o servizio).

Qui entrano in gioco efficacia ed efficienza. Lo stesso obiettivo lo posso raggiungere in tanti modi, esiste solo una difficoltà con la rete. Se non si riesce ad essere efficienti il volume di lavoro, risorse e impegno raggiunge un livello tale di inefficienza da farvi perdere anche di efficacia. Se dovete costruire una sedia e avete chi vi mantiene e vi supporta con vitto e alloggio prima o poi ci riuscite e completate il target.

Ma se mano a mano che procedete la richiesta di attenzione, impegno, materiale, conoscenza, denaro, tempo dovesse crescere per ogni ora in più che ci state mettendo nella costruzione? Il sistema andrebbe in collasso oppure voi dovreste prendere altre persone ad aiutarvi a costruire una sedia che diventa sempre più grande. Questo è il web.

Perché quindi la missione mette tutto in linea? Perché una volta calibrata, decisa e interiorizzata in maniera consapevole ti consente di stabilire dei target precisi, degli obiettivi chiari che possono essere sistematizzati secondo i criteri di efficacia ed efficienza. Diversamente il vascello vagherà per l'oceano in balia di correnti marine e di continui cambiamenti di brezza per poi essere rovesciata durante la prima tempesta.

Il mercato attende la tua missione. Rispondi sinceramente e ne trarrai il massimo beneficio perché ogni carta ha la sua coppia nel mondo delle infinite possibilità della rete.

• • •

Charlie

Sincronicità. Proprio ieri sera una persona mi ha chiesto di scrivere la mia "missione" per una nuova impresa. È un progetto di editoria entusiasmante che va a diffondere in Italia la conoscenza e la cultura della disciplina ipnotica.

Questo mi permette di fare molte cose che mi piacciono: viaggiare per incontrare gli autori; parlare direttamente con ognuno di loro in situazioni informali e comprendere meglio ogni aspetto di questa scienza; leggere centinaia di libri alla ricerca dei migliori; organizzare eventi ad essi collegati; scrivere e fare ricerca sull'argomento. Tutte cose che mi piacciono molto.

Qualcuno mi ha detto: "Avete scelto una nicchia settoriale che difficilmente produrrà dei best seller". Il mio pensiero è stato: "Ma di cosa stiamo parlando?". Ho scelto ciò che fa parte della mia missione. Ho scelto ciò che mi piace, che per me è l'unica scelta possibile.

La mia missione, in questa impresa, provo a formularla proprio adesso: "Portare in Italia una nuova cultura della scienza ipnotica per rendere più consapevoli e attente le persone, ma anche più curiose e interessate alle meraviglie della comunicazione umana". Vorrei che più persone comprendessero come la realtà sia solo una proiezione esterna di un'ipnosi che ci induciamo quotidianamente. La realtà è ciò che ci programmiamo di vedere. La realtà non esiste senza un addestramento prolungato alla percezione degli oggetti e all'attribuzione di un significato. La realtà è ciò che ci insegnano a vedere fin da quando siamo piccoli.

Una volta era compito dei genitori, della famiglia e della scuola. Oggi spesso la programmazione nella cultura occidentale viene fatta dalla TV e un po' dalla scuola. Sempre meno dai genitori, che certo non possono competere con la TV. I genitori non usano strumenti ipnotici, i pubblicitari sì. Il risultato è che quest'ultimi hanno il maggior potere di programmare le nuove menti. La programmazione purtroppo non è certo finalizzata al benessere delle persone, ma al loro condizionamento costante a bisogni inventati. Una programmazione confusa dà origine a una realtà caotica che diventa l'ipnosi e la programmazione per altre persone.

Confusione e sovraccarico di informazioni sono gli elementi centrali dell'esperienza quotidiana comune. Il tentativo di sommergerci di informazioni confusive e destabilizzanti è quello che subiamo ogni giorno. Per questo ogni processo creativo parte dall'intento di mettere ordine nel caos. Chi riesce a dare un senso alla complessità, integrando gli opposti, ha spesso il maggior successo e questo anche sul web.

Pensate a Google. Qual è il servizio che fornisce? Dare un senso a una massa indistinta di informazioni. Creare un processo di semplificazione di una complessità altrimenti insondabile. Mettere ordine nel caos, non eliminando parti della complessità, ma rendendo il caos esplorabile. Ciò consente paradossalmente al caos di ampliarsi all'infinito, lasciando spazio alle nuove creazioni.

Possiamo lasciare che il caos aumenti perché creiamo una modalità in cui possiamo esplorare solo la parte che ci interessa. Possiamo usare il "nostro furgone" per fare le consegne perché questa è la nostra scelta: dare un senso alla nostra realtà quotidiana.

Pensando alle trappole e alle tentazioni della "scalabilità" del business che prende dimensioni disumane che nessuno sopporta, la vostra impresa deve avere una dimensione proporzionata rispetto a ciò che potete gestire piacevolmente in prima persona. Le distorsioni avvengono proprio in quelle zone d'ombra che diventano terra di nessuno, in cui nessuno è responsabile di ciò che avviene.

Se sono io a “fare le consegne”, o una persona della mia famiglia, il mio latte dovrà essere buono, necessariamente. Un po’ come succedeva con il bottegaio sotto casa che sapeva bene che se rifilava a vostra nonna un prosciutto un po’ stantìo, la signora sarebbe tornata facendogli passare dei brutti momenti. Questo era l’antico controllo del “sistema qualità” che a quanto pare funzionava abbastanza bene.

Siate presenti con i vostri clienti ingrandendovi solo fino al punto in cui riuscite a gestire direttamente in modo soddisfacente le vostre comunicazioni. Quando “le consegne” che state facendo sono troppe per potervi dare il piacere di farle, fatene meno.

Ricordate anche che non siete schiavi dei vostri clienti e che potete scegliere a chi consegnare e con chi “prendere i vostri caffè”. Scrivete la vostra missione ma anche un profilo dei vostri clienti: le persone con cui volete trascorrere del tempo.

Create un profilo che sia adatto a voi, perché queste saranno le persone che popoleranno la vostra vita. Se non amate i vostri clienti, cambiate clienti. Se non amate nessuno, non avrete successo, o almeno non sarete felici.

Non pensate mai alla missione e alla clientela in funzione del possibile guadagno. Questo è solo un modo per svendere la vostra possibilità di vivere bene ed essere felici.

In diversi momenti della mia vita ho pensato a cosa potesse motivarmi a fare i passi successivi verso un qualche obiettivo. Alla fine, ogni volta, mi rendevo conto che tutto iniziava dalla "quota di piacere" inclusa nella mia giornata. Come dice Sant'Agostino: "Nessuno può vivere senza il piacere". Ancora più nel dettaglio, la mia giornata doveva essere una rappresentazione completa dei diversi aspetti del mio viaggio e del mio percorso verso i miei obiettivi.

In ogni vostra giornata ci deve essere ogni elemento della vostra missione e della vita che volete vivere. Non c'è un momento migliore di oggi per iniziare a vivere la vita che volete. Ogni vostra giornata di lavoro dovrebbe essere il vostro giardino zen fatto di emozioni, passione, sogni e impegno. Nel vostro giardino ci sono tutti gli elementi che rappresentano la vostra vita e la vostra missione. Ogni elemento è scelto con cura e attenzione e non lascerete entrare ciò che non serve e che non arricchisce l'armonia di questo luogo. Il giardino è la vostra giornata, che è la vostra missione, che è la vostra vita, senza soluzione di continuità. Voi siete ogni granello di sabbia presente nel giardino, il giardino stesso e molto di più. È proprio l'insieme di giornate di questo tipo che crea, quasi inavvertitamente, la realtà che è l'obiettivo della vostra impresa.

La vostra missione non può essere ciò che dichiarate di voler fare per il bene del mondo. Ma ciò che vi piace fare e vi appassiona e che da oggi continuerete a fare con ancora maggior impegno e dedizione. Ogni passo che farete avrà la forma e la grazia dell'intero percorso, questo è l'unico modo per sapere che la direzione è giusta.

Quando ciò che fate vi fa arrabbiare, vi stanca, vi annoia e vi infastidisce, c'è qualcosa che non va. Il mantenimento prolungato di queste emozioni non ha mai portato a niente di buono. Se il vostro lavoro implica che facciate qualcosa di fastidioso per gran parte della vostra giornata, smettete oggi. Se il vostro lavoro produce qualcosa di cui non andate fieri, smettete oggi. Se ciò che create non lo fareste usare ai vostri figli, smettete oggi.

Come si fa? Si smette e basta. Il mondo farà a meno di ognuno di noi un giorno, figuriamoci se non può fare a meno del vostro lavoro fatto controvoglia. Chiedetevi che cosa avete il piacere di fare, cosa vi renderebbe fieri e cosa vorreste dare ai vostri figli e avrete creato magicamente la vostra missione e, se vorrete, la vostra impresa.

I VALORI CHE CREANO VALORE
Come allineare gli obiettivi individuali con quelli del gruppo

Daniele

Missione, valori, clienti che acquistano servizi o prodotti. Tutto molto asettico, difficile da assimilare per un bambino e quindi non adatto per essere insegnato e interiorizzato. La genialità è sinonimo di semplicità.

Cerca dentro la tua mente, nella tua memoria, l'immagine più bella che hai di un albero maestoso, rigoglioso e ricco di frutti. Immaginalo nei dettagli, sentine il profumo, fatti pervadere dalle sue sfumature, cerca di percepirne la presenza.

L'albero che stai immaginando è la tua attività, la tua azienda, la tua vita professionale. La missione è nascosta sotto il terreno, un piccolo seme che crescendo ha messo delle radici profonde, molto profonde e molto più estese di quanto sia invece la dimensione in altezza della parte visibile.

Un albero è fatto di due parti. Una invisibile e l'altra visibile. Attento però che in quella visibile è nascosta ai nostri occhi la vera essenza, che cosa quell'albero nello specifico aggiunge o sottrae all'ecosistema che lo circonda. Quella parte di cui ti parlo è la linfa stessa che veicola in tutta la struttura gli elementi che sono vitali per tale forma di vita. Non la vedi, non sai di cosa è composta, non conosci la composizione dei frutti, ne vedi solo la parte tangibile ed esterna. La presenza di cui stiamo parlando è la corteccia, il fogliame, sono i rami stessi e i frutti.

La linfa è l'insieme dei valori che hai deciso di portare avanti, quelli che hai deciso di trasmettere. Rifletti attentamente sulla parola "valore", scava nella sua etimologia e troverai un significato importante, altre parole come "virtù d'animo", come "avere merito" e "pregio".

Cosa stai per aggiungere alla vita degli altri? Il marketing può essere straordinario nel creare una presenza spettacolare. Fusto imponente, corteccia salda, fogliame rigoglioso e frutti che attraggono per la loro bellezza e per il profumo che emanano. Attento.

Guarda intorno all'albero, osserva e ascolta i suoni che senti. L'albero è abitato? Vedi degli scoiattoli che ne hanno fatto la casa, senti il cinguettio degli uccellini? Oppure è tutto silenzioso? Attorno all'albero trovi qualche animale morto dopo aver mangiato i frutti?

La linfa è invisibile, ma contiene un potere indescrivibile. Il maestro lo conosci dai suoi allievi. L'azienda la conosci dalla risultanza del suo operato che è assolutamente visibile nei suoi clienti, nella società e ancora da come tratta i suoi dipendenti, come gestisce i suoi fornitori.

Come puoi credere che una società che truffa i suoi clienti con bond falsi si faccia scrupoli a rifilarti del latte che può danneggiare la tua salute?

Quindi, passa dalla missione che vuoi portare avanti con la tua azienda ai valori che irrorano ogni giorno la vita della tua impresa. Scrivili, rivedili, comunicali, rendili pubblici per i tuoi clienti. Il web è fatto per essere diretto, trasparente e approva chi ne segue i dettami. Caricali sul sito, fai in modo che i tuoi clienti, i tuoi fornitori, gli amici del tuo brand possano assimilarli e verificare che vengano rispettati.

La missione è il significato per cui esiste l'azienda, il perché si stanno facendo delle azioni. Come puoi rendere visibile la tua linfa vitale prima di tutto a te e ai tuoi dipendenti e collaboratori e poi ai tuoi clienti e al mondo intero.

È il momento del codice morale. Una serie di norme comportamentali, di valori in cui si crede e che vengono applicati tutti i giorni. Quelli veri, quelli che senti e che applichi prima di tutto nella tua vita personale. Niente fronzoli, niente mezze verità, niente finzioni per farsi belli. La verità, nuda e cruda. Ricorda che il web è immenso e troverai sempre la tua nicchia (sul web la parola nicchia è un eufemismo). Quindi tu, la tua azienda avrete sempre il seguito, quello corretto. Completa tale codice e vai in pubblicazione sul sito. Chiaro, a lettere capitali. Le parole hanno un potere indescrivibile e riempire il contenuto esistenziale della tua impresa è il modo per evitare che altri lo facciano per te e soprattutto di evitare incomprensioni che in un mondo digitale possono creare una quantità di danni indefinita.

Fai un tour su siti di alcune, molte, tante aziende. Cerca il codice morale. Rimarrai deluso. Non viene considerato, se ne fa un gran parlare, ma rimane ad oggi una specie di moda che serve a vestire una penna che non toccherà mai un foglio. Rendi diversa la tua. Distinguila dalla massa con un tocco di spirito, di virtù che possa essere riconosciuta. Un video su YouTube dell'amministratore delegato che presenta il codice morale? Possibile. Una galleria fotografica su Flickr di immagini che riportano i vari passaggi? Creativo. Un comitato etico che autocorregge l'azienda nel momento che perde il bandolo della matassa. Eccellente! Una valutazione annuale da parte dei clienti che esprimono il loro parere sul comportamento dell'azienda direttamente sul corporate blog? Avveniristico.

Scegli i tuoi valori, scegli il tuo codice morale e sceglierai il tuo successo. L'invisibile determina il visibile e il visibile è l'oggettivazione della grandezza o della pochezza di una struttura. Senza sconti, senza finzioni. Così, come solo lo specchio della verità è in grado di fare.

• • •

Charlie

I valori sono le parole "ipnotiche" che creano l'energia di un sistema e di un'impresa. Ognuna di queste parole muove la parte visibile del sistema fatta di caratteristiche fisiche, ambientali e di comportamenti.

Molto spesso le aziende sono inconsapevoli dei propri valori. Il raggiungimento di un obiettivo può essere la conferma visibile di un successo nel mettere in atto una serie di procedure e comportamenti, ma non certo un valore. Proprio nell'assenza di valori profondi e di un'integrazione dei valori aziendali con quelli personali dei membri dell'azienda, risiedono i semi di un possibile insuccesso.

Le aziende più forti sono quelle che sono consapevoli dei loro valori e li difendono al di là degli interessi economici. Sono anche le aziende in cui i membri, i soci e i collaboratori hanno un sogno condiviso e un allineamento tra valori individuali e quelli di gruppo.

Facile a dirsi, un po' più difficile da mettere in pratica, a meno che non abbiate uno strumento per farlo. Spesso mi sono trovato a lavorare in contesti aziendali proprio su questo: definire i valori e l'identità di un'azienda partendo dalle narrazioni condivise dei suoi membri.

L'ho fatto anche per squadre sportive e per istituti scolastici, nonché per gruppi di professionisti. È stato ogni volta un lavoro straordinario in cui ho visto nascere la forza di un'impresa basata sulla congruenza.

Quando tutti sanno che i comportamenti che stanno mettendo in atto nel contesto aziendale, o di gruppo in generale, sono l'espressione dei loro valori personali e l'espressione della loro identità, il risultato è una forza incredibile che può raggiungere qualsiasi obiettivo. Quando stai remando e sai che non solo la barca è anche tua, ma che nell'atto di remare stai esprimendo l'equilibrio perfetto della tua identità in evoluzione, i risultati sono impensabili. Quando un gruppo di persone hanno tutte individualmente questa percezione accedono ad uno stato magico che produce eccellenza e realizza ciò che è ben più della somma dei singoli risultati.

Questo è un buon sistema anche per scoprire se qualcuno sta facendo finta di remare o se addirittura sta remando contro. Spesso è proprio durante una giornata di lavoro sull'allineamento dei valori che vengono fuori le resistenze dei singoli e dei sottogruppi. Resistenze che possono rimanere nascoste se non vengono passate al setaccio con strumenti appropriati.

Uno degli strumenti che vi consiglio di usare è l'analisi e l'integrazione dei livelli logici di un gruppo e dei singoli membri di tale gruppo. Prima cosa da fare è analizzare il luogo di lavoro, la dimensione ambientale. Quali sono le caratteristiche dell'ambiente in cui si lavora? È un luogo luminoso? A che piano è il vostro ufficio? In che zona è la vostra azienda? Quali sono i mobili all'interno e il colore delle pareti? Fate insieme a tutto il gruppo una mappa dettagliata di tutto ciò che può essere descritto a livello visivo nel vostro luogo di lavoro.

Descrivete ogni singolo elemento creando una lista, anche lunghissima, che racchiude tutte le informazioni possibili visibili a questo livello. Poi chiedete ad ogni membro del gruppo, voi compresi, di individuare almeno tre emozioni che associate alla visualizzazione di tutti i dettagli del luogo di lavoro. Come ti fa sentire pensare al luogo in cui lavori con queste caratteristiche che abbiamo elencato? Quali sono le emozioni fondamentali che emergono quando visualizzi questo luogo? Scrivete tre emozioni. Condividetele con gli altri e prestate particolarmente attenzione alle emozioni ambigue o negative.

Chiedete alle persone che hanno emozioni negative che cosa in particolare di quell'ambiente suscita quel tipo di emozione. Quale elemento dell'ambiente potrebbe essere modificato per trasformare questa emozione? Ascoltate bene le risposte e pensate a come cambiare l'ambiente per cambiare le emozioni. Mettete tutte le caratteristiche dell'ambiente scritte su un cartellone colorato appeso al muro.

Una volta superata questa fase chiedete al gruppo di definire, magari in sottogruppi, quali sono le azioni che ciascuno compie nella propria giornata di lavoro. Fate in modo di scrivere tutto quanto. La lista completa delle azioni di ognuno, da quando entra al lavoro a quando esce, prendendo un periodo di tempo tale che comprenda ogni possibile azione messa in atto all'interno del lavoro. Anche le azioni che fa quando è fuori dall'ambiente di lavoro, ma che sono funzionali al lavoro.

Fate un elenco generale, che comprenda ogni possibile azione compiuta all'interno del processo aziendale. Scrivetele tutte su un altro cartellone di un colore diverso appeso al muro. Chiedete ad ognuno di dirvi quali sono le azioni che ama fare e quelle che risultano più pesanti. Contrassegnate con un più (+) le azioni che una persona gradisce e con un meno (–) quelle che la persona non gradisce.

Una volta finito il giro avrete un'idea chiara di ciò che all'azienda piace fare e ciò che non piace fare. Potrete dunque fare una distinzione tra quelle che sono le attività che vengono svolte più volentieri e quelle che risultano più pesanti e meno popolari. Nello stesso tempo capirete anche se le persone che stanno svolgendo un certo ruolo, gradiscono fare alcune cose e se magari possono scambiarsi il compito con qualcun altro. Capirete anche quali sono i compiti che in generale sono meno graditi e magari potrete valutare se tali azioni sono davvero indispensabili e se non possono essere sostituite da qualcosa di più piacevole che possa dare gli stessi risultati finali.

A questo punto pensate ognuno alle competenze che avete e scrivetele su un foglio. Che cosa sapete fare e quali sono le qualità che avete che fanno in modo che possiate svolgere le azioni previste nel livello sottostante? Leggete a voce alta le competenze che avete scritto, mentre qualcuno le scrive su un altro cartellone di un colore ancora diverso appeso al muro.

Osservate tutti insieme quali sono le competenze che il gruppo possiede e aggiungete, concordandola, qualche competenza che sentite di avere e che magari è sfuggita a una prima analisi. Osservate l'elenco e ponete a tutti, voi compresi, questa domanda:

"Quali sono altre competenze che ancora non abbiamo e che ci potrebbero aiutare a mettere in atto i comportamenti che già esprimiamo al livello sottostante o addirittura che potrebbero essere la base per nuovi comportamenti ancora più efficaci ed efficienti?".

Scrivete via via ciò che viene in mente al gruppo e poi riportate le competenze che il gruppo stesso reputa valide sul cartellone delle competenze, usando un pennarello di colore diverso.

Questo può darvi un'idea delle aree in cui le persone del vostro team potrebbero essere formate. Queste sono proprio le aree di miglioramento del vostro team e della vostra azienda. Adesso sono più chiare perché sono scritte davanti ai vostri occhi.

A questo punto è il momento delle convinzioni fondamentali che motivano il vostro team. La domanda essenziale da fare a tutti è: perché fai questo lavoro? Perché è importante per te fare ciò che fai? Perché fai questo e non altro?

Chiedete a tutti, voi compresi, di essere sinceri, premettendo che, quale che sia la risposta, sarà accolta nell'ambito delle risposte possibili, costituendo dunque una risorsa che può fare crescere il gruppo. C'è spazio anche per risposte più pratiche come quelle che hanno a che fare con il denaro e la sopravvivenza. Ogni cosa può essere una buona informazione per il team e per voi nel caso in cui siate voi a guidarlo.

Fate discutere le motivazioni a piccoli gruppi di tre persone, dando il compito di scrivere anche altre convinzioni importanti che motivano i partecipanti al lavoro che emergono dal confronto stesso. Fate in modo che ogni gruppo riordini le convinzioni di tutti in un'unica lista, cosicché nessuno si senta in imbarazzo nel dichiarare le proprie motivazioni reali, specie nel caso in cui non siano così "nobili".

Fate leggere la lista di convinzioni di ogni gruppo ad un portavoce del gruppo e trascrivete tutto sul cartellone delle convinzioni, che avrà anch'esso un colore diverso. In questo modo avrete una mappa della mente del gruppo. Saprete quali sono le convinzioni potenzianti e quelle depotenzianti e pericolose.

Chiedete a tutti i membri del gruppo di dirvi quali sono secondo loro tre convinzioni potenzianti per il benessere condiviso e per il raggiungimento degli obiettivi. Per ogni preferenza espressa tracciate un contorno della frase, ma con un tratto sottile, in modo che possiate ripeterlo più volte includendo sempre il contorno precedente.

IL SUCCESSO PRODUCE BENESSERE PER TUTTI

A questo punto avrete non solo la mappa della mente del gruppo, ma anche la scelta volontaria e condivisa su cosa focalizzarsi per creare un equilibrio produttivo tra benessere e obiettivi.

È come se, dopo aver preso visione di tutte le convinzioni del gruppo, fosse il gruppo stesso a decidere come motivarsi al meglio per raggiungere i propri obiettivi in un percorso piacevole e interessante.

Adesso è il momento dei valori dei singoli che vengono espressi nel contesto aziendale. È la definizione dello spazio sacro di ognuno che va a creare il "santuario" del gruppo. Potete introdurre questa fase del lavoro dando una particolare importanza a ciò che state per fare. Chiedete a tutti di pensare a quali siano i valori fondamentali per ciascuno. Dite a tutti di scriverne almeno cinque. I valori sono singole parole che raccolgono molte convinzioni.

I valori possono essere espressi con parole come:amicizia, famiglia, lavoro, serietà, solidarietà, successo, benessere, equilibrio e molte altre parole che rappresentano valori profondi. Date qualche esempio (come i suddetti) per far capire che tipo di risposte cercate.

Lasciate qualche minuto di tempo e poi chiedete a tutti, voi compresi, di individuare almeno due valori tra quelli che hanno scritto nella lista individuale, che si sentono di esprimere anche al lavoro. Almeno due valori che sentono di portare con sé durante la giornata lavorativa attraverso le loro attività.

Fate in modo che tutti possano dichiarare a voce alta quali sono almeno due valori personali che si sentono di esprimere al lavoro. Scriveteli tutti sul cartellone dei valori. Osservate insieme agli altri la lista e decidete se ci sono altri valori che volete portare avanti con la vostra impresa. Aggiungeteli alla lista solo se sono condivisi da tutti. La lista completa rappresenterà i valori del gruppo azienda.

Poi passate al livello dell'identità e chiedete al gruppo di chiudere gli occhi tutti insieme e di pensare al proprio ruolo in azienda e di lasciare che emerga un'immagine che esprima la loro identità aziendale: dovessero immaginarsi come una pianta, un animale o un simbolo astratto, qual è l'elemento che emerge? Lasciate qualche istante che lavorino con la fantasia e poi fate in modo che ognuno esprima il proprio simbolo o la propria immagine, voi compresi, scrivendola sul cartellone dedicato all'identità.

Una volta che avete la lista completa, leggetela a voce alta e fate nuovamente chiudere gli occhi a tutti e fate immaginare loro uno spazio che comprende tutto quanto. Ogni simbolo che è presente sul cartellone. Leggete ogni singolo elemento e chiedete a tutti di immaginare e sentire che ognuno degli elementi va a posizionarsi nello spazio mentalmente creato.

Una volta completata la lista, mentre chiudete gli occhi anche voi, immaginando tutto quanto avete detto, chiedete a tutti di immaginare un'energia di un colore meraviglioso che avvolge e attraversa gli elementi che stanno immaginando, creando un'armonia straordinaria tra ogni elemento.

Lasciate qualche istante per fare in modo che tutti possano immaginare o sentire quello che avete descritto (non è importante che tutti riescano a visualizzare, qualcuno avrà solo sensazioni fisiche seguendo le vostre parole) e poi chiedete di aprire gli occhi e di fare un bell'applauso al gruppo congratulandosi con le persone a fianco.

Questo esercizio vi permetterà di fare molte cose contemporaneamente. Prima di tutto esso ci permette di costruire una mappa dettagliata per capire come eventualmente cambiare alcune caratteristiche fisiche del luogo di lavoro per creare emozioni positive in tutti i membri del gruppo.

Potete poi comprendere quali siano le persone più giuste per certe attività e quali siano le attività che appesantiscono il lavoro e potrebbero essere trasformate. Vedrete quali sono le competenze che il gruppo si sente di avere e potrete andare a formare i vostri collaboratori su competenze che essi stessi vogliono implementare.

Potrete conoscere la mappa delle convinzioni del gruppo di lavoro, facendo fare loro una scelta produttiva rispetto alle convinzioni che reputano più utili. Inoltre renderete consapevole ogni membro del gruppo che alcuni dei loro valori si esprimono anche nelle loro attività lavorative quotidiane. Infine darete modo ad ognuno di sentirsi parte di un'identità aziendale facendo un'integrazione simbolica immaginativa che può creare suggestioni profonde potenzianti.

Facendo questo avrete un impatto sulla congruenza personale di tutti i membri del team che poche altre attività riescono a produrre.

Così facendo avete lavorato approfonditamente su ogni livello dell'esperienza umana da quelli più consapevoli a quelli inconsci. Il risultato più frequente è che le persone lavoreranno meglio e più volentieri all'interno del progetto di lavoro della vostra impresa.

WORK IN PROGRESS

Complimenti, consigli e critiche

Daniele

Charlie e io scambiamo le email con un rituale che abbiamo stabilito di comune accordo. Dalla ricezione del nuovo "manoscritto" abbiamo tre giorni per rimandarlo all'altro capo del mondo. Affascinante. Un dialogo che ci lega con un filo sottile che cresce in resistenza, in flessibilità, in dimensione ad ogni passaggio.

Dialogo. Una parola importante composta da *dia* e *logos*. Il significato è stupendo nella sua semplicità come il sole che sorge tutti i giorni nel cielo che contempliamo. Un discorso alterno tra due o più persone. L'elemento centrale sul quale si basa la rete. Mercato conversazionale è forse uno degli attributi che più si sentono ripetere.

Così in perfetto stile 2.0 mentre scriviamo, durante il componimento condivido tutto il nostro elaborato con il "dream team" della Company, ovviamente mantenendo la riservatezza sino alla pubblicazione.

Ricevo diversi commenti, diverse considerazioni ma una in particolare mi colpisce e arriva da Marco Sabatiello, Responsabile della Business Unit di tutto il gruppo.

Cito testuali parole:

"Ciao Daniele,

ho divorato con molto piacere le prime 40 pagine a mia disposizione del testo che stai scrivendo con Charlie.

Ti anticipo che qualcosa e` gia` scattato in me, non ho ancora il quadro ben preciso ma mi avete emozionato dandomi davvero tanti spunti di riflessione sulle nostre scelte imminenti.

In queste prime pagine, appare un ritratto che riporta l'immagine di ciò che avete vissuto, ascoltato, raccolto come esperienze professionali e personali che vanno nel profondo di queste emozioni. Una serie di competenze che portano a galla ricordi, capacità e sentimenti, senza tralasciare nulla, fermandosi su alcuni punti nascosti.

Non conosco bene la traccia della linea editoriale e il target (personalmente lo suggerirei a liberi professionisti, imprenditori e per chi vuole raggiungere il proprio sogno in maniera innovativa e profonda) è scritto con le emozioni, guardando al di là del tangibile, per cogliere ogni tipo di sentimento che emerge dal vissuto quotidiano.

Charlie riesce ad ipnotizzare descrivendo magicamente i propri ricordi diventando storie riconducibili anche a tutti noi. I tuoi passaggi hanno un sapore innovativo e ci trasportano, inevitabilmente verso la consapevolezza del mondo reale e web insieme. I vari temi trattati, non solo quelli visibili a molti legati alle strategie e strumenti del web ma più complessi dal punto di vista sociale, come le scelte importanti e sincroniche, brand, marchio.

In ogni passaggio tra te e Charlie c'è un significato abbastanza esplicito che mette in risalto le vostre competenze, ma si possono leggere partendo da punti di vista diversi e dargli quindi vari tipi di interpretazioni.

Aggiungo che la parte iniziale, il modo in cui vi siete conosciuti e` trattata solo da te pertanto non trovo un legante immediato con Charlie (non ne parla apertamente), in ultimo vedo un po` di incongruenza sulle indicazioni del marchio tra la tua descrizione e quella di Charlie.

Bellissima la situazione per la quale stiamo rivedendo il nostro brand e lo facciamo anche grazie agli spunti di Charlie, una sorta di work in progress! Fantastico.

Ottimo lavoro, siete due persone di livello superiore, aiuterete tante persone ad essere consapevoli.

Buon lavoro,

Marco"

La leggo e la rileggo. Gli spunti sono importanti (e i complimenti fanno molto piacere) e sono presenti anche quelle che molti chiamano “critiche” e che io invece nomino “spunti di miglioramento”.

Si può aiutare le altre persone a crescere principalmente con l’esempio e quindi lo stesso libro che stiamo scrivendo deve essere un esempio calzante.

Abbiamo visto molti punti importanti. Quindi, ripetiamo il concetto, il dialogo è la chiave di ingresso sul mercato del web. Non essere pronti a fare questo vuol dire partire con il piede sbagliato, vuol dire buttarsi nella fossa dei leoni (e ovviamente non essere un leone).

Il web è un mercato basato sull’ascolto, sulla conversazione con gli utenti, sull’allineamento dell’emanazione dei nostri valori, missione, brand e tutto ciò che ci contraddistingue con la verità dello specchio. Quello che ci riflette come veniamo percepiti.

Su tale verità costruiamo i passi successivi passando di volta in volta il bagno di umiltà che il web richiede come tributo al suo potere devastante.

Questo non significa che dobbiamo cambiare la nostra essenza, tutt'altro. Semplicemente a volte si tratta di cambiare il modo di comunicarla o di guardarci meglio come impresa e come libero professionista e scoprire che la nostra bellezza è intrinseca in alcuni elementi che non abbiamo valorizzato e che invece grazie all'aiuto di altri riusciamo a scorgere.

Gli elementi importanti nel dialogo, nella conversazione tra azienda, libero professionista, persona sul e dal web sono i seguenti. Complimenti, consigli e critiche, tre elementi importanti, molto importanti, che a seconda della propensione inconsapevole di chi li riceve possono essere sottovalutati.

Vediamoli uno per uno, vedendo i benefici e come evitare di sottovalutarli ed infine riprendiamo l'email di Marco.

Complimenti: importantissimi per diversi motivi. Prima di tutto gratificano e motivano chi sta proponendo il messaggio e di conseguenza il servizio o il prodotto. La motivazione dà carica al morale e serve a soddisfare la nostra voglia di celebrare i successi e anzi di essere celebrati (ancora più forte).

I complimenti, inoltre, sono pubblici e scritti e quindi possono essere trasferiti ad altri e presi come elementi per stimolare la riprova sociale di quanto ciò che si sta facendo venga ben percepito. Nel caso delle email è necessario chiedere prima l'autorizzazione mentre nel caso di comunicazioni pubbliche è sufficiente non modificare nulla e citare la fonte.

Come fanno alcune aziende o persone a sottovalutare il potere dei complimenti? Semplice, sono convinti che i complimenti non servano e che tutto il focus debba essere proiettato sui prossimi obiettivi, miglioramenti e che le critiche sono le uniche che possono servire.

Inoltre non si rendono conto del potere virale dei complimenti sinceri, quelli non richiesti, quelli che provengono dal cuore. Quindi massima attenzione.

Personalmente mi sono emozionato nel leggere i complimenti contenuti nell'email di Marco perché sono curati, sono descritti con parole che pennellano un dipinto di incredibile bellezza emozionale con colori a tinte forti che creano un potente effetto tridimensionale. Complimenti che hanno dato ulteriore senso alla mia personale missione di vita e che arrivano senza che ne potessi avvertire minimamente il preavviso.

Consigli: i consigli arrivano puntuali, senza farsi mai attendere. Precisi come un treno giapponese. Tale elemento ha una sua funzione importante perché ci consente di assimilare con la massima apertura da parte di chi li scrive, di chi lascia traccia sulla rete (su di un forum, un social network, un blog) gli elementi che vengono considerati graditi da parte dell'utente, del fruitore, del consumatore, del cliente, del vostro fan (per utilizzare la terminologia di Facebook).

Qualsiasi azienda in passato avrebbe voluto avere il magico strumento che potesse consentire alla stessa di leggere nella mente le vere obiezioni, le vere considerazioni dei clienti per poter adattare la propria proposizione (ovviamente senza svilire o modificare gli elementi valoriali della missione aziendale).

Oggi abbiamo questo strumento magico, questo incantesimo fatato che ci consente di sapere cosa pensa chi si interessa a ciò che facciamo o che produciamo. Un incantesimo che si autoalimenta tutti i giorni e diventa sempre più potente, sempre più preciso.

Altro punto importante che attiene ai consigli è la trasformazione di un elemento proposto, ma non condiviso, a un servizio o un prodotto che per una parte esiste e si è trasformato grazie proprio al consiglio di chi ne sarà l'acquirente.

Immagina quanta propensione può avere una persona di possedere qualcosa di cui si sente in parte il creatore, di cui conosce che quel singolo punto esiste grazie al suo intervento.

Molta, te lo assicuro, soprattutto se è vera perché quella parte, quel tocco di scalpello aggiunto è un tocco di valore. Stai dando valore a chi lo merita.

A questo punto viene da chiedersi come mai una buona parte delle aziende sottostimi questo elemento. Le risposte potrebbero essere tante, ma ovviamente è mio dovere riportare l'esperienza diretta con aziende di tutti i livelli nelle quali lavoro e ho lavorato a stretto contatto seguendone lo sviluppo web, da colossi multinazionali ad aziende di caratura nazionale. In questo caso scatta il famoso delirio di onnipotenza.

L'azienda o il libero professionista pensa di saperne di più del proprio cliente, del mercato. Una sorta di delirio di creazione. Ciò che produco è bello così come si presenta e tu chi sei per potermi consigliare cosa fare? All'incirca una reazione di questo tipo ovviamente elaborata e presentata sotto forma di documenti, di briefing e debriefing e con parole asetticamente aziendali.

Sta di fatto che qualcuno sta frignando perché il mondo non lo capisce e cerca di dirgli cosa dovrebbe fare. Il mondo non ha capito che lui non ha bisogno di consigli.

Peccato che il mondo sia il suo cliente.

Cito quindi Marco:
"Non conosco bene la traccia della linea editoriale e il target (personalmente lo suggerirei a liberi professionisti, imprenditori e per chi vuole raggiungere il proprio sogno in maniera innovativa e profonda) scritto con le emozioni, guardando al di là del tangibile, per cogliere ogni tipo di sentimento che emerge dal vissuto quotidiano."

Ecco il consiglio, importante e preciso ove definisce un target. Ti chiedo di seguire la scaletta. Liberi professionisti, imprenditori (siamo in ambito business) e chi vuole raggiungere il proprio sogno (personale).

Non so ancora cosa ne penserà Charlie di questo elemento (dovrò aspettare la sua email, il suo piccione viaggiatore con il carteggio legato alla zampa), ma rimane il fatto che è un'indicazione che attiva riflessioni, che ci spinge a pensare ad alcuni elementi.

Critiche: arte del giudicare secondo i principi del buono, del vero del bello. Una parola densa di significato e molto potente. Così potente che tende a far sì che le persone si ingegnino a tenersi fuori dalla portata dei radar per evitare di essere colpite.

Chi non ha il coraggio di esporsi alle critiche si godrà la certezza del fallimento determinato dalla non esistenza ove la peggior critica che si può ricevere è quella di non aver vissuto.

La critica è decisamente importante nel processo conversazionale. È un consiglio che nel suo modo di porsi origina una nuova area di disagio, un'improvvisa fioritura di piante rampicanti nel nostro giardino perfetto. Proprio per questo un consiglio più forte, più profondo. Alcuni obiettano che la critica può essere costruttiva o distruttiva, fatta con il cuore o con l'intento di far male, esposta e comunicata prendendo spunto da elementi falsi solo per danneggiare o basarsi su elementi veri e oggettivi.

Siamo proprio sicuri? La parola giudicare, parte del corpo della critica, è in se stessa un pronunziar sentenza e come tale diventa verità (e non realtà) nel momento stesso in cui viene propagata nel mondo che risiede fuori dalla psiche di chi l'ha elaborata.

Verità quindi per chi la comunica. E qui è il momento di agire come riceventi. Leggi la critica. La senti, ti pervade, ti fa riflettere oppure passa come se nulla fosse stato pronunciato? Oppure ancora ritieni che tale critica ti abbia colpito, abbia centrato un punto della tua azienda, persona, prodotto, servizio o altro ancora?

Ecco dove agire. Dove ci si sente toccati, dove la pressione del dito ha provocato dolore. Un dolore sano perché superare le proprie aree di disagio è il modo per diventare eccellenti, è il modo per raggiungere vette ambiziose. Ben venga la sensazione di disagio, è per me il richiamo che la vita mi pone su un piatto di argento come crescere ulteriormente.

Chiudo con il secondo aspetto importante. Se la critica vi fa piacere, anzi, pensate che possa essere amplificata fate un atto di fede verso il vostro intui-to ed estremizzatela come elemento distintivo con i vostri *competitor*. Diventerà una chiave importante.

Qui la considerazione del perché le critiche vengono rigettate, combattute, ignorate da parte delle aziende e dei liberi professionisti sulla rete è abbastanza semplice. Fanno male, sono potenti e pubbliche in un mondo in cui anche solo una persona dal suo piccolo PC in una piccola città con una piccola tastiera può cambiare il destino di un'azienda. Ecco perché.

Se sei su un binario e stai camminando verso una galleria, nel momento in cui senti un fischio e vedi una luce potente correre verso di te, ti assicuro che coprirti gli occhi non ti servirà a salvarti.

Riprendiamo l'email di Marco per l'ultimo passaggio:
"Aggiungo che la parte iniziale, il modo in cui vi siete conosciuti è trattata solo da te pertanto non trovo un legante immediato con Charlie (non ne parla apertamente), in ultimo vedo un po` di incongruenza sulle indicazioni del marchio tra la tua descrizione e quella di Charlie."

Queste sono le due critiche che Marco espone.

La prima è sul legame del nostro incontro a Londra e seconda l'incongruenza che lui rileva nel lavoro sul marchio.

La rileggo e ascolto le mie emozioni. Una mi colpisce l'altra mi porta ad analizzare logicamente quanto scritto. Ecco la chiave, quella che mi colpisce può essere fonte di miglioramento, l'altra invece sento che può diventare un punto di forza che non avevo visto.

Quella che mi tocca è quella che Marco evidenzia come mancanza di un "legante" nella parte iniziale della storia. Sì, sento che manca, anche a me farebbe piacere leggere la stessa storia, ma vissuta dalla parte di Charlie. Se sarà lo scoprirò nella prossima ricezione.

La seconda invece è un punto di forza che non avevo visto. Incongruenza.

La rileggo. Mi piace, è stimolante. Non stiamo seguendo un copione, stiamo creando. In questo momento sento che Charlie ed io uniti da un filo creativo stiamo superando le barriere logiche e deduttive normalmente utilizzate per scrivere un testo e con un processo di induzione risaliamo il fiume della conoscenza. Osservo un dipinto di Dalì e mi emoziono. Non conformisti, allineati con sincronicità e al contempo incongruenti. Creiamo il mistero per avvicinare i nostri mondi e realizzarne una fusione, per originare un nuovo elemento.

Sì, mi piace, può essere un nostro punto di forza.

Così congruenti da contemplare l'incongruenza nel nostro processo e lasciare che la tua mente possa cogliere e realizzare dove tali aspetti si congiungono. Una sorta di libertà interpretativa che Charlie e io omaggiamo al tuo intelletto.

Il flusso si interrompe, è il momento di passare il carteggio. Questo è dialogo e conversazione. Grazie Marco.

• • •

Charlie

Il dialogo diventa unico solo quando il *logos* viene attraversato dall'essenza che anima tutte le cose: il soffio divino, il *ka* egizio. È proprio in questa unicità che risiede la forza dello scambio che crea una nuova realtà. Il dialogo vero non ha regole, se non quelle dell'espressione sincera e immediata delle percezioni di quel preciso momento, di questo preciso momento.

Il dialogo non contiene errori o incongruenze, c'è solo il presente e i passi successivi. Tutto il resto non fa parte della danza, è solo un tentativo di catturare la bellezza insita nel volo di una farfalla, che però non risiede nella farfalla stessa, ma in quell'essenza divina che rende armoniche e imprevedibili le sue traiettorie.

Il logos analizza, scompone e riduce. Il ka espande la vita e la complessità. *Eros* e *Thanatos*, rosso e nero, vita e morte che si inseguono all'infinito in un moto circolare che ha il senso del tempo. Rossa è la creazione e nera è la critica e anche i complimenti, che cercano di influire sul moto della creazione stessa e che solo inavvertitamente danno nuova linfa al rosso che si espande ancora di più, integrando quell'esperienza in una nuova espressione delle sue tonalità attraverso un percorso egoistico, unico e irripetibile.

La nascita è il più grande atto di egoismo possibile. Il

concepimento stesso è una gara tra centinaia di migliaia di possibilità di individui potenziali, in cui se il vostro istinto avesse applicato le stesse norme di buona convivenza sociale, che adesso vi sembrano normali, non sareste voi a leggere queste parole.

Nell'atto dell'essere concepiti, è come se Dio misurasse la determinazione dei propri pensieri, proprio in quell'istante, mettendo in scena una rappresentazione biologica di una gara che si conclude con il concepimento, appunto. Il pensiero che viene concepito, che viene pensato. E quello è il pensiero che in quell'istante diventa realtà e cancella tutte le altre strade possibili, non conservandone memoria. Crudele, ma vero.

Quello è il pensiero più determinato in quell'istante, quello che vuole essere espresso, quello che ci vuole essere davvero, più forte degli altri. Tale pensiero concepito viene premiato con un riposo di nove mesi che può vivere nel paradiso terrestre, in cui inizia a sperimentare la prima consapevolezza di sprazzi di individuazione. Ciò avviene in un luogo meraviglioso, un luogo in cui può iniziare a sentirsi uno, ma ancora fondamentalmente indistinto dal tutto che è la madre che lo avvolge e lo circonda.

Una madre che non ha un volto e che è solo una sensazione liquida di tepore e abbondanza.

E poi il momento dell'uscita nel successivo "mondo reale", dove si chiede all'uno, ancora indefinito, di diventare uno davvero. Una singola persona, un individuo, con un corpo distinto i cui confini non sono compresi da un liquido, ma dall'aria, percepita come un vuoto. Non per niente questa è l'unica vera paura istintiva e primordiale che abbiamo: il vuoto e l'altezza. Il non essere sostenuti dal quel liquido e difesi dalla madre che rende impensabili i pericoli. La paura di affrontare quel vuoto. La paura di lanciarsi alla ricerca di un sostegno e non trovare niente. Non la paura di morire, ma la paura di scoprire che se non siamo noi a sostenerci e ci lasciamo andare, nessun altro lo farà. La caduta infinita è più spaventosa della morte. Per questo gli sport pericolosi sono così affascinanti: esplorare la morte e l'indistinto, per poi esercitare potere sulla caduta: con un paracadute, il freno di una moto o un elastico attaccato ai piedi. Imparo a morire, avvicinandomi all'indistinto, all'inconsapevolezza eterna, all'eterna caduta e al vuoto per poi tornare repentinamente indietro, se Dio vuole, alla vita terrena, in una nuova possibilità di rinascita, individuandomi ancora in una nuova esperienza consapevole della mia esistenza fisica. Morire, per rinascere di nuovo ed essere un po' più illuminati, un po' più vivi. Vita e morte che si inseguono all'infinito. Eros e Thanatos che si esprimono in ogni manifestazione umana.

E poi il bambino inizia a crescere e trova una società formata da ex-egoisti pentiti che hanno organizzato un sistema di recupero e addestramento dei nuovi egoisti, cercando con pressioni sociali, familiari e il sistema scolastico di depotenziare le reazioni istintive dei nuovi venuti. Li addestrano a parlare un certo tipo di linguaggio, a frenare gli impulsi, a mentire, ad andare d'accordo anche con i compagni insopportabili, ad accettare le critiche chiamandole "costruttive", anche quando colpiscono l'identità, e a sorridere anche quando vorrebbero piangere. Tutto questo perché l'organismo più grande, la società, si è dotato di una mente che vuol controllare le "parti del suo corpo" mantenendo l'equilibrio del proprio sistema. In questo modo la mente sociale può avere la percezione distorta e l'illusione di un'immortalità che sfugge alle regole di Eros e Thanatos e così nutre i suoi membri con la stessa illusione, in modo che le siano fedeli. Chi teme la morte e non l'accetta è colui che cerca di bloccare la vita. Egli è colui che non vive.

Trovate la vostra essenza primordiale e i vostri istinti naturali. Riprendete la crescita da dove è stata socialmente bloccata. Disimparate tutto ciò che vi è stato insegnato a scuola e dai vostri genitori. Smettetcla di comportarvi bene e siate irragionevoli. Trovate voi stessi e il vostro sogno e usate le vostre forze istintive e primordiali per trasformarlo nella vostra realtà. Non lasciate che qualcuno possa mettere le mani sulla vostra opera, né prima, né durante, né dopo. Leonardo da Vinci ha fatto la stessa cosa con la Monna Lisa, senza scendere a compromessi o chiedere il parere di qualcuno.

Pensate di non essere come Leonardo da Vinci? Pensate che lui avesse il diritto di non ascoltare le critiche e i commenti e voi no? Se lo aveva, l'unico vero motivo è che imparò da subito a prendersi quel diritto non ascoltando nessuno. Ha sempre ascoltato il suo inconscio, sviluppando passioni proibite, interessi molteplici e incongruenti, scrivendo al contrario e dormendo e mangiando non quando si doveva, ma quando ne aveva voglia. E se qualcuno gli avesse detto che il volto della Gioconda era incongruente perché non si capiva se sorrideva o meno, sono certo che avrebbe subito coperto il quadro e con quello sguardo folle gli avrebbe detto: “E te, chi tu saresti di preciso?”.

MOTIWEBTIONAL

Il momento della motivazione

Daniele

Durante la nostra attività creativa ricevo una email di Charlie. Poche righe, leggo *Motiwebtional*, un neologismo che aveva in mente.

Lo rileggo, ancora una volta. Lo lascio sedimentare quindi sposto l'email nella casella "da fare", il luogo dove ripongo le comunicazioni che voglio che il mio inconscio faccia "fermentare". Continuiamo il lavoro. Ad intervalli irregolari torno su quelle poche righe. Penso alla parola motivazione: "l'espressione dei motivi che inducono a una azione", cito Wikipedia. Il modo in cui siamo stati cresciuti passa dall'avere affinché si possa essere. Errore madornale. Prima di avere bisogna essere. In mezzo il fare. Abbiamo visto nei punti precedenti tanti e profondi elementi dell'essere della tua impresa o attività sulla rete, mondo di incredibili opportunità. Così mi rendo conto che l'intuizione di Charlie richiama l'attenzione su di un elemento operativo fondamentale che in un testo che vuole essere profondo, denso, pregnante per ottenere un vero successo duraturo nel tempo è necessario sviscerare sino in fondo.

Come fare quindi ad entrare nel neologismo che cogliamo ora insieme? Con una chiave di notevole potere, con una domanda che nasce insieme all'uomo. Perché? Esatto, perché vuoi iniziare o hai iniziato la tua attività o impresa? Quali sono i motivi che come un forte vento hanno riempito le vele del tuo vascello e lo spingono nel mare del web compiendo azioni importanti di comunicazione, di marketing, di vendita?

Azioni che vedremo insieme richiedono studio, tempo, competenze, attenzione. Perché? Prendi un foglio e una penna. Scrivi almeno cinque "perché" con i quali ti sei spinto o ti spingi in questa impresa.

Lascia perdere le roboanti missioni che si leggono sui siti di alcune società, missioni che secondo il mio parere possono essere dei bellissimi lustrini luccicanti per polli spennati in passato ai quali sono ricresciute le penne (e quindi sono pronti ad essere nuovamente spennati). Noi vogliamo clienti veri, persone vere che ci accompagnano in questa grande avventura di business. Quindi ti ripeto, perché?

Rileggi ciò che hai scritto. Potrebbe essere che ci siano elementi come "fare molto denaro" oppure "per avere la più grande impresa del mondo" oppure più semplicemente "per avere una soddisfazione professionale" o ancora "per conquistare il mercato".

Fai un passo indietro, torna a quando avevi sei anni. Cosa avresti pensato di questi perché? Penso che ti saresti annoiato a morte. Vuoi la riprova? Se hai dei figli piccoli fai la prova con loro e ti farai due risate. Raccontare i perché di un'impresa a menti non ancora così tanto programmate rende ridicola tutta la nostra prosopopea.

Prendi un altro foglio. Adesso scrivi i veri perché, quelli che ti emozionano. Un obiettivo ben formato, strutturato, finalizzato al conseguimento di un obiettivo importante… tante belle cose. La domanda è: “Ti emoziona?” Se la risposta è negativa ascolta il mio consiglio, lascia perdere. Il web è implacabile.

Quindi, scrivi i perché emozionanti. Ti faccio un esempio? Ho aperto un e-commerce che tratta articoli calcistici perché adoro sin da piccolo il calcio, perché mi emoziono a trattare la vendita di maglie da calcio ufficiali, perché sono entusiasta nel poter maneggiare autografi di grandi campioni, perché avere questa attività online mi consente di entrare in contatto con tante altre persone nel mondo con le quali posso diventare amico.

Ecco dei perché emozionanti, dei perché che richiamano elementi che un bambino può assimilare. Emozione pura, divertimento, passione. *Keyword* di secondo livello della parola che usi per interrogare il tuo cervello. Ricorda, il tuo cervello, motore di ricerca divino, va interrogato con le giuste domande e ti darà risposte strabilianti.

Ripetiamolo ancora una volta. Perché? Sei stanco? Perché, Perché, Perché, Perché, Perché, Perché…

I campioni sono le persone che fanno un centimetro in più di tutte le altre, quel centimetro che la massa terrà nel cassetto. I campioni felici sono quelli che sognano. Un vecchio detto dice che "il meglio di un uomo è svanito quando svanisce l'ultimo dei suoi sogni".

Ecco che allora arrivi alla fine del tuo percorso e scopri o riscopri la vera essenza del tuo agire, della tua impresa, della tua attività. Scegli uno o più di questi perché e riassumili in una frase. È il momento di condividere, di agire in pubblico. Facebook, Skype, YouTube.

Ogni *social network* presenta la possibilità di inserire una frase che ci caratterizza, che ci appartiene. Ecco dove pubblicarla. Rendila presente, fai in modo che possa catalizzare l'attenzione del tuo pubblico. Ascolta i ritorni, tendi le orecchie virtuali.

• • •

Charlie

È proprio il momento giusto per il perché. È un argomento a cui abbiamo accennato in precedenza, ma che proprio in questo momento del nostro scritto ha una funzione ancora più importante. Superare ogni destabilizzazione e influenza ipnotica, per procedere nel percorso.

La scrittura prende la stessa forma di ciò che accade in ogni impresa e deve focalizzarsi di nuovo sulle motivazioni. Esse sono il cuore di ogni creazione e ogni volta che qualcosa ci fa allontanare da loro, nell'atto stesso di creare, possiamo tornare a esse evitando il rischio di perdersi. In ogni momento in cui la situazione si fa confusa e perdete l'orientamento, tornate a voi stessi e alle vostre abitudini. Quei piccoli comportamenti quotidiani in cui vi riconoscete.

Le azioni quasi invisibili di cui non siete consapevoli e che vi caratterizzano come individui. Tornate alle piccole azioni quotidiane riprendendo la consapevolezza di ogni gesto, riprendendo il contatto con la terra e con l'essenza della vita che si esprime in ogni vostro singolo gesto. Date tempo alla vita di riposarsi nella consapevolezza delle piccole azioni, per ripartire con l'atto creativo che arriva come la marea, mantenendo la fiducia sul fatto che arriverà. Fate chiarezza mettendo ordine nella vostra mente, riordinando un luogo della vostra vita quotidiana. Mettete ordine sulla vostra scrivania, eliminando ciò che non serve e mantenendo l'essenziale.

Ricominciate a fare una cosa alla volta. Un'azione alla volta, anche se vi sembra che non abbia senso. Continuate a produrre ordine in un piccolo spazio, non sovrapponendo mai i gesti e le azioni. Non facendo mai più di un'azione alla volta fino a ritrovare l'equilibrio creativo che poi potrete velocemente espandere in una creazione meravigliosa. Ripartite dal cerchio, che sia talmente piccolo da contenere pochi oggetti e pochi pensieri. Mettete gli oggetti in ordine all'interno del cerchio senza occuparvi di ciò che avviene all'esterno, voi siete il cerchio.

Trovate le giuste distanze tra gli oggetti e tra i pensieri e mantenete una velocità che possa creare un ordine dinamico. Abbiate fiducia e trasferitela ai vostri oggetti e ai vostri pensieri. Rendeteli forti condensando il vostro intento su ognuno di essi e aspettate ciò che i semplici chiamano: miracolo.

IL CERCHIO

La chiusura che apre una finestra sulle possibilità infinite

Daniele

A questo punto dovresti aver scritto dei perché precisi, motivanti e aver tracciato con tali elementi il cerchio che ti contraddistingue e che ti caratterizza come ti ha appena indicato Charlie.

Tramite il lavoro svolto sino a questo punto sai che per le attività di cui adesso andiamo a parlare ti devi concentrare sull'essere e condensarlo negli strumenti oggi più forti nel mondo del web marketing.

Il cerchio per l'appunto piccolo deve comprendere solo ciò che effettivamente origina risultati importanti poiché nella rete, per sua stessa natura immensa, tutto può sembrare utile ed importante. Ovviamente non è così.

Il più piccolo dei cerchi è quello che contiene il tuo indirizzo di casa, la tua residenza. È il dominio, l'indirizzo internet, il magico *http://.*

Cosa scegliere? Molto semplice. Prima di tutto registra il dominio *http://www.nomecognome.it* e insieme a questo, se non lo hai già fatto, *http://www.nomeazienda.it.*

Metti ordine in questo, sono i primi elementi ma ti assicuro che in questo momento mentre scrivo una buona parte delle persone non ha registrato il dominio personale non considerandolo utile. Errore, le persone sono un elemento centrale dell'attività di web marketing, il web è fatto di persone singole che come cellule costituiscono l'organismo nel suo complesso. Solo una estensione o più di una. Prendere anche .eu, .com ed altri?

Questa scelta dipende solo dalla grandezza di visione e di prospettive che hai in questo momento. Meglio un dominio in più che uno in meno, si tratta solo di estensioni e non è necessario caricare sopra altri elementi. Siamo solo nella fase di registrazione. Quindi cosa fare?

Altri elementi importanti. Aprire gli account personali su Facebook, LinkedIn, Twitter, FriendFeed, YouTube, Ping.fm, Delicious tanto per citarne alcuni e oggi i principali. Ovviamente non dimentichiamo l'indispensabile Skype.

Il nome utente deve sempre riportare il tuo nome e cognome, diversamente non potrai essere trovato. Apri anche la tua *fan page* su Facebook e procedi con gli stessi elementi per la tua azienda. Ripeti il processo ove possibile per gli account aziendali.

In questa fase è ininfluente chiedersi come utilizzarli e cosa inserire. Siamo nella fase di creazione e come tale è una tipologia di processo strutturale. Prima di ricevere i clienti bisogna arredare il negozio, quindi si riem-piranno gli scaffali di merce e in ultimo si preparerà la vetrina. Solo a quel punto si volterà il cartello con la scritta "Open".

Qui sul web non è propriamente così perché non appena facciamo dei movimenti qualcuno ci noterà, ma non ci sono disturbi di sorta, l'importante è non canalizzare volontariamente l'informazione sino a quando tutto è pronto.

Ogni *social media* va aperto come account e caricato delle informazioni personali che si vogliono condividere oltre che corredato di una foto che nei vari punti deve rimanere sempre uguale. Il navigatore ha bisogno di punti fissi, di sicurezza e riconoscerà il vostro volto ripetuto nei vari social media. Stesso discorso per la biografia, le informazioni, la vostra storia. Scritta una volta va ripetuta con un semplice copia e incolla nei vari network.

Stop.

Mentre scrivevo la parte iniziale del pezzo sul "fare" sulla rete a un certo punto è svanita l'ispirazione. Mi sono chiesto se ciò che stavo scrivendo era una vero valore, quello che tutti cercano, o era qualcosa che in rete comunque cercando, assemblando si poteva comunque trovare.

Visto che la risposta che mi sono dato è stata la seconda mi sono fermato. Scrivo quindi a Charlie che ho bisogno di qualche giorno per lasciare che l'ispirazione torni da sola e quindi mentre siamo in viaggio e stiamo visitando le bellissime cascate sotterranee delle Ruby Falls in Tennessee ho la visione. Rendere visibile il meccanismo invisibile della rete, la parte legata ai rituali, alle norme tacite di comportamento e l'etica che dovrebbe essere autoregolante per gli abitanti del mondo virtuale.

Elementi che se non conosciuti possono far naufragare i più grandi investimenti delle più grandi aziende con colossali uffici marketing alle spalle. Di esempi cadaverici ne abbiamo a tonnellate dall'avvento della rete.

La "penna" torna a fluire rapida, segnale che è il canale giusto.

Cominciamo dall'alto, in un mondo in cui network e community popolate di blogger la fanno da padroni.

Come in tutte le forme sociali nel corso del tempo, essendo la rete popolata di esseri umani che si muovono in uno spazio di infinite possibilità, si genera spontanea-mente un codice, non scritto, ma riconosciuto da tutti, che cerca di fare in modo che il nuovo mondo funzioni, che sia proattivo alla sopravvivenza dei suoi abitanti.

Forse potresti obiettare che le persone sulla rete non nascono e non muoiono. Invece non è così, l'identità virtuale si comporta come un essere senziente e nasce e muore come nel mondo reale. L'abbandono di determinate regole può comportare la veloce morte di un forum e di conseguenza di tutte le identità virtuali ad esso collegate.

Le norme sono diventate molto forti in tutti i luoghi pubblici della rete come i forum e i social network, ma sono anche un collante potente e di successo per le forme private come le email, le comunicazioni personali via chat e le comunicazioni a voce come Skype.

Una di queste forme oggi viene riconosciuta sotto forma di netiquette che costituisce una sorta di galateo del mondo virtuale. Alcune persone hanno parlato di comandamenti, norme morali, codici comportamentali.

È possibile quindi definire una serie di norme di comportamento invisibili, codificarle e renderle di uso comune per tutti in modo da migliorare le tue attività sulla rete? Sicuramente sì, senza ombra di dubbio. Tali comportamenti, a mio avviso, non fanno parte solo quindi della netiquette ma di un sistema di attuazione comportamentale che ci rende abili e adatti alla convivenza in questo mondo sottile ed invisibile.

Prima però di entrare in alcune regole di fondamentale importanza è bene definire il comportamento generale delle identità virtuali.

Nel mondo virtuale la persona supera ogni barriera e limite sociale. È inarrivabile, priva della paura dello scontro fisico, potenzialmente fattiva di qualsiasi identità vera o presunta e di esporre tratti caratteristici del suo essere, che nella vita reale non avrebbe mai il coraggio di esporre. L'età sulla rete è quasi del tutto ininfluente, che la persona abbia venti o settanta anni non ci sono limitazioni di sorta. È un prototipo di un semidio.

Spazio e tempo azzerati, possibilità di comunicare al mondo ciò che si vuole in pochi secondi, nessuna limitazione fisica o sociale. Vedi che il quadro può diventare subito chiaro. Facciamo bene a tenerne conto in tutti i contesti.

Se una sola persona decide sulla rete di inseguire un'azienda con il fine di criticarla, di screditarla considerando anche che le ragioni siano poco fondate, ma ben argomentate e vedrai immediatamente quanti sono i danni e i fastidi che può provocare. Una sola persona contro, magari, decine di dipendenti dell'ufficio marketing della stessa azienda. Alcune aziende o liberi professionisti hanno paura di questo e ne stanno fuori commettendo un errore più grande. Quello di non imparare. Quindi. Con questo profilo quali sono le prime regole non dette ma che vanno immediatamente assimilate?

1. **Non sottovalutare mai nessuno.** Tratta tutti gli utenti allo stesso modo, con la tua personalità, con il tuo modo di fare, con la tua realtà. Mai però dare meno valore a uno rispetto a un altro. È un errore che può costare caro. Ogni persona sulla rete ha acquisito entro breve quanto è grande il suo potere e esige rispetto per questo, un rispetto che le aziende nel mondo "ante web" non davano e non si sarebbero mai sognate di dare a questo livello. Ora la palla è in mano al consumatore e in questo modo per la prima volta nella storia dell'uomo dell'era industriale.

2. **Rispetta in maniera rigorosa la privacy delle persone.** In rete l'argomento privacy è ancora più scottante che nella vita. Le comunicazioni personali, via chat, email o Skype (se a voce) devono rimanere rigorosamente personali e mai inviate o tantomeno pubblicate sulla rete. Per nessuna motivazione. Tantomeno inoltrare messaggi di posta elettronica a terzi senza autorizzazione. Al contempo ricorda che le comunicazioni email rimangono per sempre come traccia e che le comunicazioni chat e a voce possono essere registrate. Abbine cura ricordando un vecchio adagio di comunicare agli altri di terze persone quello che diresti se queste persone fossero presenti mentre parli di loro. Regola che sulla rete vale oro puro.

3. **Non sottrarre mai contenuti e materiale ad altri.** La rete è fatta per la condivisione, per lo sharing, per le sorgenti aperte. Non per rubare. È un comportamento non accettato, anzi, penalizzato dagli stessi motori di ricerca che colpiscono come una scure i siti che riproducono materiale di altri con il metodo copia e incolla. Si può e si deve prendere spunto, anzi, è la linfa di questo mondo. Citando però l'autore, la fonte che ci ha ispirato.

4. **Cura con molta delicatezza il patrimonio di attenzione degli altri.** Detto in parole povere, evita lo spam. Proprio perché il web ci consente di essere potenti, tale potere origina una grande responsabilità. Inviare pubblicità non richiesta, informazioni di poco valore sulle liste di amici è sinonimo di poca cura, basso livello di comprensione e poca presenza consapevole. La lista di persone che ci seguono va curata con attenzione, eleganza e delicatezza. Ogni persona ci ripagherà prestando attenzione quando comunichiamo qualcosa di importante.

5. **Utilizza gli strumenti in maniera propria.** Ogni strumento sulla rete è un'arma a doppio taglio. Se viene usata con criterio e con consapevolezza è un eccezionale strumento di comunicazione. Diversamente diventa distruttiva per le relazioni e per gli scambi in essere. Una nota su Facebook può essere taggata con i nomi di alcune persone se ha senso che questo persone vengano incluse. Per il solo fatto di poter fare delle cose questo non vuol dire che debbano essere fatte. In mezzo c'è sempre un processo intelligente.

6. **La privacy sul web non esiste.** Ricorda che tutto ciò che viene pubblicato sul web automaticamente esce dalla nostra sfera della privacy. La rete aborre la privacy. I luoghi protetti da psw, le liste di amici che hanno accesso, i siti ad accesso riservato sono finzioni, sono false schermature. Ogni volta che una parola, una foto, un video viene messo sulla rete diventa automaticamente pubblico. Qualsiasi persona può pensare di ripubblicarlo ad esempio. Ciò che non vuoi che diventi pubblico non metterlo sulla rete.

7. **La rete è permanente.** Ogni elemento pubblicato, condiviso rimarrà in rete, in qualche modo per sempre. Rimangono tracce, vengono ripubblicati, condivisi, ripubblicati ancora. Quindi attenzione a ciò che si scrive, a non incappare in comunicazioni dettate dalla fretta o a volte dalla rabbia. La permanenza richiede quindi eventualmente altri interventi che si vanno ad accavallare con quelli precedenti. La rete ha la possibilità di andare in ritardo tra pensiero ed azione e richiede riflessione, pazienza ed attenzione.

Fermiamoci qui ad assimilare questi primi sette elementi. Sono indicazioni importanti che oggi, in qualsiasi piazza virtuale, un forum, un social network o un blog conducono al successo, alla concretizzazione delle azioni messe in pista.

Elementi semplici e dettati anche dal buon senso che però diverse volte vengono disattesi soprattutto dalle grandi aziende che non ancora sono entrate in un flusso diverso da quello a cui erano abituate precedentemente.

• • •

Charlie

La presenza online è fondamentale, specie se non volete ritrovarvi a essere costretti a fare un lavoro vero. Quando parlo di lavoro vero mi riferisco a quel tipo di attività che svolgevano i nostri nonni che richiedeva fatica fisica e orari precisi.

Non che questo lavoro non esista più, anzi il fatto che nel mondo i consumi siano aumentati in modo esponenziale richiede che ancora più persone producano gli oggetti, gli strumenti, i mezzi di trasporto per un numero sempre maggiore di persone che cercano di non lavorare. Le persone non vogliono veramente lavorare e chi ha un'azienda lo sa: provate a cercare un venditore o una segretaria e ve ne accorgerete.

La società occidentale ha creato dei processi di incubazione dei propri "cuccioli" che hanno reso normale il fatto che una persona nei suoi primi trent'anni di vita cerchi di non produrre niente, neppure ciò che gli serve per vivere, visto che è già disponibile sugli scaffali del supermercato o addirittura nel frigo di casa. In questi primi trent'anni di vita, le persone hanno la possibilità di elaborare strategie che li portino a non sapere mai come avvenga la nascita di tali prodotti su quegli scaffali. Vi garantisco che il web non produce direttamente mozzarelle, bagnoschiuma, mutande, ombrelli, almeno non quelli reali che utilizziamo ogni giorno. Qualcuno lo deve fare di persona, con il suo lavoro fisico, producendo non solo l'ombrello che serve a lui, ma anche quello che serve a voi e quello che serve ai proprietari dell'azienda produttrice. L'equazione è zoppa.

È vero che la tecnologia fa sì che dieci persone possano produrre ombrelli per mille persone, ma resta il fatto che dovranno essere loro a produrli, andando al lavoro ogni giorno, con degli orari fissi e uno stipendio che permetta loro di sopravvivere, ma non di distrarsi da quell'ipnosi e pensare di poter fare altro. La società moderna ha bisogno di schiavi per sopravvivere e mantenersi, come i faraoni avevano bisogno di schiavi per costruire le piramidi e tutto il resto. Non è cambiato molto: stessi processi, parole diverse.

La differenza sostanziale è che adesso anche gli schiavi possono avere l'illusione di essere dei "semidei" che creano realtà parallele e che controllano i faraoni. Possono determinare con i loro gesti e i loro pensieri dei cambiamenti sostanziali nelle politiche di grandi aziende, non avendo però purtroppo alcun vantaggio.

Possono tirare qualche sasso dal cavalcavia con l'illusione di essere potenti quando in realtà sono solo attori inconsapevoli di un gioco in cui è richiesta la loro presenza per dare carburante e movimento al sistema. Vi garantisco che Steve Jobs non legge i vostri commenti sul forum della Apple e Bill Gates non è interessato a quello che pensate della sua ultima versione di Windows. Magari è interessato a quello che gli dicono le persone fidate che hanno avuto notizie da altre persone fidate che è stato detto loro da altre persone fidate che la percentuale di gradimento è in sostanziale crescita o decrescita. Non sono certo loro a guidare l'auto che qualche folle nel suo delirio di onnipotenza colpisce con il suo sasso.

La libertà di espressione è il nuovo inganno del terzo millennio. La possibilità di commentare equivale ad allargare il vostro recinto per non farvi percepire il confine che solo in alcuni casi potete trovarvi a toccare.

Provate per esempio a scrivere un ebook che parla di un'ipotesi scientifica che studia la comunicazione efficace di grandi leader politici, come Barack Obama. Provate a sostenere che indipendentemente dal fatto che lo faccia dichiaratamente o meno, la sua comunicazione ricalca dei precisi schemi di comunicazione ipnotica, cosa che negli USA è proibita per legge in campagna elettorale. Portate degli esempi concreti di tale ipotesi lasciando al lettore il compito di giudicare.

Sembrerebbe tutto normale. Provate adesso a proporre la diffusione di tale ebook alla Apple nel suo Store, certi che è proprio l'ampiezza di vedute, così energicamente sbandierata, che li porterà a essere lieti di contribuire a un altro tassello di condivisione della conoscenza.

Probabilmente riceverete una risposta di questo tipo che, infrangendo subito una regola della netiquette pubblico proprio qui, ma direi che se lo meritano:

Da: iPhoneDeveloperProgram
appreview@apple.com
Data: 06 novembre 2009 19.28.58 GMT+01.00
Oggetto: Ma Obama ha usato l'Ipnosi? 1.0: Application Submission Feedback
Please include the line below in follow-up emails for this request.
Follow-up: 86166852

Dear Mr.,
Thank you for submitting Ma Obama ha usato l'Ipnosi? to the

App Store. We've reviewed Ma Obama ha usato l'Ipnosi? and determined that we cannot post this version of your iPhone application to the App Store because it contains content that ridicules public figures and is in violation of Section 3.3.14 from the iPhone Developer Program License Agreement which states:

"Applications may be rejected if they contain content or materials of any kind (text, graphics, images, photographs, sounds, etc.) that in Apple's reasonable judgement may be found objectionable, for example, materials that may be considered obscene, pornographic, or defamatory."

If you believe that you can make the necessary changes so that Ma Obama ha usato l'Ipnosi? does not violate the iPhone Developer Program License Agreement, we encourage you to do so and resubmit it for review.

Regards,

iPhoneDeveloperProgram

In pratica vi dicono che il vostro ebook, secondo il “ragionevole giudizio” di Apple, ridicolizza una figura pubblica e che viola le norme interne per le quali i contenuti sottoposti ad una valutazione non possono contenere elementi diffamatori, osceni o pornografici. Naturalmente sono così aperti di vedute da darvi la possibilità di fare le modifiche necessarie per rendere il vostro materiale pubblicabile. Non specificando come.

Avete appena toccato il cielo con un dito scoprendo che era solo una lastra di metallo massiccio dipinta di azzurro e ben illuminata.

Provate allora a scrivere un’email sperando di non aver capito bene, cercando di argomentare le vostre ragioni e chiedendo come poter modificare l’ebook in modo che sia pubblicabile.

Scrivete una email reclamando il diritto di conoscere i reali motivi della censura e i dettagli sulle modifiche richieste. Non riceverete alcuna risposta. La sveglia suonerà improvvisamente e il sogno del vostro potere si dissolverà. Nessuno vi ascolta e vi garantisco che neanche la segretaria, della segretaria, della segretaria di Steve Jobs sa dell’esistenza di queste email.

Per questo, invece di tirare sassi dal cavalcavia, o essere costretti al lavoro duro, vi conviene trovare una strategia che vi permetta di fare in modo che qualcuno lavori per voi, producendo le risorse che servono a voi e alla vostra famiglia.

Se optate per la seconda scelta, il web per voi è fondamentale, la più grande ipnosi degli ultimi cento anni. Uno strumento che nell'atto di produrre la possibilità di comunicare tra le persone, si inserisce nella comunicazione stessa divenendo esso stesso il messaggio e definendo le regole del dialogo. Non solo, esso ruba tempo agli schiavi che attraverso di esso pensano di poter non essere più schiavi, togliendo loro tempo che potrebbero impiegare per modificare la realtà esterna.

Un grande recinto dove soddisfare le proprie pulsioni, dove esprimere critiche, dove sentirsi importanti e inseriti in una comunità di persone che nella realtà non frequentereste mai. Un'immensa ruota del criceto, collegata ad una dinamo che dà energia alla casa di pochi e che è mossa da centinaia di milioni di topolini con il mantello rosso e la "S" tatuata sul petto. La cosa geniale è che all'interno della ruota gigantesca ci sono altre piccole ruote che contengono ruote ancora più piccole, mosse dai topini meno fortunati. Più la ruota è piccola più i topolini devono correre.

Il segreto risiede nel fatto di non far sapere ai topi delle ruote sottostanti, che qualsiasi loro movimento produce energia per le ruote più grandi e le case di chi delle ruote non sente neppure il rumore.

È necessario anche rendere le ruote confortevoli e soddisfacenti per i bisogni dei topini, senza esagerare, correndo il rischio di demotivarli.

Altra cosa fondamentale è che i topini sappiano che "i topini sono tutti uguali anche se qualcuno è più uguale degli altri" e che le loro opinioni saranno sicuramente ascoltate: un ottimo modo per sedare il deviante e rimetterlo sulla ruota evitando il rischio che scopra che esiste una ruota e che potrebbe vivere tranquillamente anche senza. Il topino sul cavalcavia viene invitato ad essere più ragionevole e magari ad esprimere i suoi bisogni in modo più costruttivo. Ciò che il topino non sa è che su quell'autostrada passano solo le auto dei topini come lui.

Se potessi scegliere di modificare qualcosa nella nostra società, sarei curioso di cambiare le regole e scoprire che cosa accadrebbe in un anno senza tecnologia e informazione.

Un anno in cui si interrompono tutte le trasmissioni televisive e radiofoniche, i collegamenti web e l'uso dei cellulari. Nonché la stampa di quotidiani e periodici. Solo l'idea mi fa sorridere e mi fa venir voglia di scendere dalla ruota e andare a fare una bella passeggiata in spiaggia e incontrare il mare dopo la tempesta.

• • •

Daniele

Semidei, schiavi, potere sono tutte parole importanti. Topi e ruote, la fabbrica dell'illusione. Il semidio nasce dall'unione di una divinità con un essere mortale. Ebbro del potere presto si renderà conto di essere schiavo di due mondi e di non poter godere della libertà degli dèi nell'Olimpo e nemmeno di quella degli essere mortali. Le imprese di un semidio forgiano il carattere, ma il mito racconta che solo l'amore chiude il cerchio. La scelta arriva alla fine della storia quando tutti i passi sono compiuti e in maniera abbastanza inevitabile la presa di coscienza comporta la perdita del rango di semidio e l'immediata libertà di poter vivere la vita vera, quella che ogni immortale si renderà conto di aver perduto.

Come è possibile fare questo? Prima di tutto bisogna rendersi conto di essere dentro la ruota, di essere degli schiavi a cui continuamente si cerca di sottrarre attenzione (patrimonio molto più grande del tempo), tempo e risorse materiali. La sottrazione richiama l'istinto di sopravvivenza e quando l'uomo viene sottoposto a tale stimolazione perde il contatto con gli elementi che potrebbero sublimare la propria vita.

Mi spiego meglio. Conoscere il mondo virtuale come quello reale, le sue regole e i processi che vengono messi in atto ci consente di essere incisivi, consapevolmente, quando rientriamo nel sistema.

Ho appositamente utilizzato il verbo rientriamo. Quando ai corsi che tengo sulla comprensione del web mi chiedono quanto tempo passo a navigare sul web, la mia risposta sconcerta i più. Meno di un'ora al giorno, a volte trenta minuti massimo. Il tempo che ritengo sufficiente per entrare e uscire cogliendo ciò che desidero. La mia attenzione selettiva è la chiave che utilizzo per crescere in comprensione e vedere ciò che ai più è nascosto.

Entriamo nel concreto.

Come esistono delle regole come ho indicato sia tacite che espresse e che se non conosciute portano alla deriva, allo stesso modo esistono degli elementi importanti che vanno presi in considerazione per lo sviluppo del nostro essere in un mondo dove i confini sia psicologici che fisici di suddivisione tra reale e virtuale diventano sempre più labili.

Facciamo un esempio specifico di schiavitù autoindotta con un comportamento sottile, apparentemente adatto. Quante volte controlli le email? Una volta al giorno? Due volte al giorno? Continuativamente? E quando lo fai? Al mattino? Al pomeriggio? Alla sera?

Sembrerebbe tutto uguale, ma non lo è. Prima di tutto le email si controllano una volta al giorno e per un tempo definito. Secondariamente è meglio farlo verso la sera. «Perché?» ti starai chiedendo.

Perché se tu controlli le email al mattino la tua attenzione sarà inevitabilmente attratta dal risolvere le difficoltà con le quali sei entrato in contatto, sarai distratto da mille stimoli (con un pericoloso tempo disponibile, rimandando elementi più importanti) ed anche se successivamente spegni il PC ed esci dal mondo virtuale la tua attenzione continuerà a navigare su tali elementi nel web della mente o magari materializzandosi in successive telefonate o email mandate dal tuo iPhone o Blackberry.
Orrendo. Anche se sei in grado di gestire bene il tuo tempo, la tua attenzione sarà da un'altra parte. E senza attenzione nel qui e ora la vita perde di significato, diventa quella cosa che scorre sotto i nostri occhi mentre noi siamo occupati a fare altro.

Cambio. Controlla le tue email una volta al giorno e rispondi solo a quelle priorità uno, decidendo in anticipo quanto tempo dedicare a questa attività.

Fallo alla sera, questo ti impedirà di avere tutto il tempo che desideri e inoltre, nel momento in cui andrai a dormire, il mondo virtuale si spegnerà insieme a quello reale cancellando tutte quelle inutili preoccupazioni che solo perché abbiamo strumenti potenti oggi vengono trasmesse a volontà. Se ogni comunicazione necessitasse di ore di cammino per essere consegnata ci arriverebbero solo quelle informazioni degne di nota. Applica questo con determinazione e costanza ed entro breve vedrai quale cambiamento si verifica nella tua vita.

La tua attenzione salirà verso le attività importanti, quelle che rendono la vita degna di essere vissuta. Il tempo che trascorri con le persone che ami, con te stesso, nelle attività che ti interessano veramente, nello sviluppo di business in cui sei eccezionalmente motivato.

Rivediamo insieme i passaggi. Prima di tutto svegliarsi e vedere il mondo, come indica Charlie, nella sua interezza fatto di ruote e sottoruote, di illusioni e di costruzioni fatte ad arte per renderci degli automi che credono di essere liberi.

Quindi imparare a entrare e uscire dal sistema a piacimento apprendendo le regole dei due mondi. Apprendere le regole di utilizzo vuol dire avere il potere di muoversi con consapevolezza. Ricordarsi che il mondo è complesso e muta rapidamente cercando di difendere il sistema costruito, sia direttamente che indirettamente. Le illusioni cambiano continuativamente e cadere nella tela del "adesso ho capito e non ci cado più" è essa stessa un'illusione. Quindi decidere il gioco che vogliamo giocare, quale obiettivo vogliamo raggiungere e decidere quanto stare dentro e quanto stare fuori.

La domanda di Charlie è interessante e nella debita misura (solo per la rete) è stata proposta un giorno da Elton John per il movimento luddista.

Rivediamola. Spegniamo tutto, cosa succede? Secondo me nulla, la vita va avanti come prima. Entro breve il sistema si adatta al nuovo modello e si creano nuove ruote, diverse, un nuovo modello di schiavi, un nuovo sistema per spegnere la consapevolezza delle persone e nuovamente alcune di esse, come è accaduto nella storia, si sveglieranno e cercheranno di trainare altri simili fuori dal grande inganno. Ricordi il mito della caverna di Platone? Troppo lontano? Allora ti consiglio di vedere e rivedere il film Matrix, è l'esempio perfetto di quanto stiamo dicendo.

Primo passo: ti svegli e niente sarà più come prima. Vedi la realtà nella sua interezza.

Secondo passo: apprendi ciò che ti serve per essere eccellente quando rientri in Matrix mentre apprendi come vivere nel nuovo mondo. I tuoi occhi, i tuoi sensi in generale, la tua mente non sono abituati alla realtà.

Terzo passo: rientri in Matrix per aiutare altre persone. Il sistema si difende e nonostante le abilità che hai appreso è più forte perché conta su una moltitudine di persone che sono convinte che tu sia un pericolo per la loro sopravvivenza. Credi di essere speciale perché sei più abile in Matrix e presto scopri che gli agenti sono più forti. Un sistema non si batte mai conoscendo solo le regole.

Quarto passo: la parte di te che hanno addestrato, costruito, cresciuto quando eri inconsapevole totalmente deve morire e prima di farlo metterà in atto tutte le resistenze possibili. Alla fine morirà, è necessario.

Quinto passo: la morte di una parte di te permette la nascita di quella nuova, di quella pulita, di quella vera.

Sesto passo: ora il potere è quello vero, quello della conoscenza di te stesso che ti consente di entrare e uscire dal sistema a piacimento e di smetterla di combattere perché non c'è nulla da combattere. Non è il sistema che si deve piegare, sei tu che hai imparato ad essere flessibile.

Possiamo spegnere questo mondo? Sì, possiamo farlo. Questo è il vero potere, quello sotto il nostro controllo. Sono dotato di tutta la tecnologia ultimo "grido" dall'iPhone sempre collegato in rete, ai vari Mac e PC, connessioni a banda larga, iPad con connessione wi-fi e 3G, uno per gli Usa e uno per l'Italia. Non ricevo e non rispondo a nessuna email dal mio iPhone, non navigo, ricevo e faccio pochissime telefonate, solo lo stretto necessario, navigo un tempo limitato e leggo le email dividendole per importanza e rispondo rispettando un tempo preciso ogni giorno rigorosamente verso sera.

Sono io che controllo la tecnologia e non il contrario. Sempre? No, sono un essere mortale e come tale pieno di limiti, di desideri, di errori. Quanto basta per avere la vita che desidero.

Avere il potere non significa esercitarlo in continuazione pena la trasformazione immediata in schiavi. Poter schiacciare un tasto non significa automaticamente che lo voglia fare. Ma quando lo faccio so farlo bene e so anche perché lo sto facendo oltre che ricordarmi che la mia consapevolezza va curata, stimolata perché ogni giorno accumuliamo così tanta spazzatura nella nostra mente che inevitabilmente necessitiamo di “manutenzione”.

Vuoi apprendere meglio come sviluppare al massimo il business con e sul web? Stacca di più, stai poco tempo collegato, presta attenzione solo agli elementi veramente importanti. Per il resto stai con le persone che ami, viaggia, leggi, dedica il tempo ad attività manuali, fai nuove esperienze.

Abbiamo toccato la parola potere. Molto importante. Il potere può essere distruttivo e costruttivo.

Il primo è più facile del secondo. Oggi la rete ha consegnato in mano a milioni di persone il primo, quello di distruggere. Un potere che conosciamo bene dalla storia dell'uomo è inebriante, è il lato oscuro che prende piede. Il secondo è più articolato, è più complesso.

Richiede un consapevolezza maggiore, una forza trainante di grande spessore. Lo scopo della nostra missione è quello di farti prendere coscienza del potere attuale dei navigatori di distruggere con pochi click e di sentirsi partecipi di processi che sino a poco tempo addietro erano escludenti. Poter rompere un giocattolo per vedere come è fatto dall'interno è una fase dell'apprendimento di ogni bambino.

Quindi si cresce e si comincia a costruire. Costruire qualcosa che crei vero valore, un valore che nella miscelazione del mondo reale e virtuale sono un binomio, o meglio, un'equazione perfettamente bilanciata.

Il mondo corre veloce e induce le persone a correre sempre di più, non basta mai perché comunque il nuovo mondo è più rapido di qualsiasi essere umano. A che pro quindi tutta questa velocità? Calma, rallentiamo e facciamo in modo che il web corra per noi mentre noi costruiamo il nostro benessere, il nostro business, la vita e le relazioni che ci interessano veramente.

Per fare questo cosa dobbiamo o possiamo fare?

Combattere? Assolutamente no, saremmo perdenti in partenza. Non si vince combattendo, ma usando il sistema, fallace per la sua stessa potenza.
L'ebook di Obama? Non abbiamo bisogno di Apple per fargli fare il giro del mondo. Emule insegna, Napster fu la sua fenice.

Il sistema non può fermare le strutture a stella marina che si propagano come un virus automaticamente e autonomamente producendo nuova consapevolezza e nuovo valore mentre noi scendiamo dalla nostra ruota dopo aver fatto il giro che ci serviva e ci gustiamo la passeggiata in spiaggia al sorgere del sole.

Così, Charlie, possiamo decidere di giocare le nostre due carte congiunte in Matrix e dopo averle gettate sul piatto alzarci e andare a prendere il sole in spiaggia. Sta solo a noi sapere sin dove vogliamo osare.

• • •

Charlie

Ho infranto un'altra regola e ho letto il tuo pezzo subito, di mattina. Benvenuto Daniele. L'opera è completa e il cerchio è chiuso. Continuo a sorridere. Ci vediamo in spiaggia.

Glossario

3G

Acronimo di “3rd Generation”, indica le tecnologie e gli standard di terza generazione. I servizi abilitati dalle tecnologie di terza generazione consentono il trasferimento sia di dati “voce” (le classiche telefonate), che dati “non-voce” (navigazione su internet, invio e ricezione di email e altro).

Algoritmo

Un procedimento che consente di ottenere un risultato atteso eseguendo, in un determinato ordine, un insieme di passi semplici corrispondenti ad azioni scelte solitamente da un insieme finito.

Apple

L’azienda informatica statunitense fondata da Steve Jobs.

Blog

Un sito internet, solitamente gestito da una persona o da un ente, in cui l'autore pubblica, come in un diario online, i propri pensieri, opinioni, riflessioni, etc.

Blogger

L'autore o il "gestore" di un blog.

Brand

È un nome, simbolo, disegno, o una combinazione di tali elementi, con cui si identificano prodotti o servizi di uno o più venditori al fine di differenziarli da altri offerti dalla concorrenza.

Brand awareness

Indica la capacità dei consumatori di riconoscere un marchio e di associarlo correttamente a un prodotto, a una linea di prodotti o a un'impresa.

Canale (di YouTube)

È la pagina che un utente di YouTube (vedi oltre nel glossario) può creare per caricare e condividere i propri video.

Chat

Significa letteralmente “chiacchierata” e indica un sistema di comunicazione in tempo reale che permette a più utenti collegati nello stesso momento di scambiarsi brevi messaggi scritti, emulando una conversazione o, appunto, una chiacchierata.

Community

Significa letteralmente “comunità”. È la somma delle persone e del luogo virtuale che ospita i loro incontri. Le community sono forum, chat e qualunque tecnologia che permetta alle persone di riunirsi e interagire in una località virtuale.

Competitor

Chi compete con altri. L’espressione indica le aziende che si fanno concorrenza in uno stesso mercato.

Corporate blog

Il blog tenuto da uno o più dipendenti di un’azienda: una voce più informale rispetto al sito internet. I blogger sono tenuti a rispettare un codice aziendale, ma i blog aziendali sono spesso visitati per la semplicità e l’immediatezza delle informazioni che vi si trovano.

Craigslist

È il più grande portale di annunci gratuiti del mondo, dove pubblicare e trovare inserzioni di lavoro, case, beni e servizi, etc.

Dominio

La suddivisione di primo livello di internet. In genere è fatta per paese (.it indica un indirizzo italiano, .uk un indirizzo inglese e così via) o per tipo di organizzazione (negli Stati Uniti .edu si riferisce alle università, .gov agli enti governativi, .com alle società commerciali, .org alle organizzazioni senza fini di lucro).

eBay

Si tratta di un sito di aste online che offre ai propri utenti la possibilità di vendere e comprare oggetti sia nuovi che usati, a prezzo fisso o dinamico (come in un'asta).

Ebook

Detto anche "libro elettronico", si tratta di un libro o testo in formato digitale, consultabile su computer, telefonini di ultima generazione, palmari ed appositi lettori digitali.

E-commerce

Sta per "commercio elettronico" e indica l'insieme delle transazioni per la commercializzazione di beni e servizi tra produttore (offerta) e consumatore (domanda), realizzate tramite internet.

Facebook

È il social network più diffuso, con oltre cinquecento milioni di iscritti in tutto il mondo.

Fan page (gergo di Facebook)

Indica uno spazio creato su Facebook e dedicato a una personalità, prodotto, luogo geografico o altro. Tale spazio diventa il punto di raccolta per gli ammiratori (detti "fan", per l'appunto).

Flickr

È un sito web multilingua che permette agli iscritti di condividere le proprie fotografie con gli altri utenti.

Forum

Struttura informatica nella quale degli utenti discutono su vari argomenti (topic o thread).

FriendFeed

È un servizio web che permette l'aggregazione in tempo reale degli aggiornamenti provenienti da altri blog e reti sociali.

Google

È il motore di ricerca più usato al mondo. Un motore di ricerca è un sistema automatico che permette la ricerca all'interno dei siti internet tramite l'uso di parole-chiave.

Keyword

Letteralmente "parola-chiave", indica solitamente la parola utilizzata per effettuare una ricerca.

Kijiji

Significa "villaggio" in lingua swahili e indica una rete centralizzata di comunità urbane che permettono l'inserimento online di piccoli annunci.

LinkedIn

È un servizio di social networking in rete impiegato principalmente per la rete professionale. Lo scopo principale del sito è consentire agli utenti registrati il mantenimento di una lista di persone conosciute e ritenute affidabili in ambito lavorativo.

Ping.fm

È un servizio che permette l'aggiornamento e la gestione simultanea dei vari social network a cui una persona è iscritta.

Psw

Abbreviazione di password.

Skype

È un software per la messaggistica istantanea e per le comunicazioni telefoniche tramite una connessione internet.

Social media

Termine generico che indica tecnologie e pratiche online che gli utenti adottano per condividere contenuti testuali, immagini, video e audio.

Spam

Indica l'invio seccante di uno stesso messaggio (annunci pubblicitari o catene di S.Antonio) ad un gran numero di utenti contemporaneamente, soprattutto via e-mail.

Stato (gergo di Facebook)

È lo stato d'animo di un utente di Facebook, che può essere aggiornato in tempo reale e che compare accanto al nome della persona.

Taggare (gergo di Facebook)

Da "tag", "etichetta", indica la funzione di segnalare la presenza di una persona all'interno di una foto, di un video o di un testo, applicando come un'etichetta il nome della persona sul contenuto.

Twitter

È un servizio gratuito di social network che fornisce agli utenti una pagina personale aggiornabile tramite messaggi di testo con una lunghezza massima di 140 caratteri.

Web 2.0

È un termine utilizzato per indicare genericamente uno stato di evoluzione di internet rispetto alla condizione precedente. Si tende ad indicare come Web 2.0 l'insieme di tutte quelle applicazioni online che permettono uno spiccato livello di interazione sito-utente (blog, forum, chat, sistemi quali Wikipedia, YouTube, Facebook, Twitter, ecc.).

Wi-fi

Contrazione di wireless fidelity, indica quei dispositivi che possono collegarsi in rete tramite connessioni senza fili.

Wikipedia

È un'enciclopedia multilingue collaborativa, online e gratuita. La caratteristica primaria di Wikipedia è il fatto che dà la possibilità a chiunque di collaborare, utilizzando un sistema di modifica e pubblicazione aperto.

Windows

Il sistema operativo commerciale elaborato dalla Microsoft.

Work in progress

Lavoro o opera in fase di lavorazione.

YouTube

Il sito internet più popolare per la condivisione di video.

TESTI DI RIFERIMENTO

Chris ANDERSON, *Free: The Future of a Radical Price*, Hyperion, 2010.

Dan ARIELY, *Prevedibilmente irrazionale*, Rizzoli, 2008.

Richard BACH, *Illusioni*, BUR Biblioteca Univ. Rizzoli, 1989.

Daniele BOGIATTO, *Il successo italiano sul web*, Anteprima Edizioni, 2009.

Michael BULGAKOV, *Cuore di cane*, Newton Compton, 2008.

Bruce CHATWIN, *Utz*, Adelphi, 2000.

Vito DI BARI, *Corto Circuito*, Sole 24 Ore Libri, 2009.

Milton ERICKSON, *La mia voce ti accompagnerà. I racconti didattici*, Astrolabio Ubaldini, 1983.

Charlie FANTECHI, *Parola di leader*, Edizioni Dialogika, 2010.

Timothy FERRIS, *Quattro ore alla settimana. Ricchi e felici lavorando dieci volte meno*, Cairo Publishing, 2008.

Michael GERBER, *e-Myth*, Paperback, 1988.

Kahil GIBRAN, *Il profeta*, Gherardo Casini Editore, 2010.

Seth GODIN, *La mucca viola. Farsi notare (e fare fortuna) in un mondo tutto marrone*, Sperling & Kupfer, 2004.

Humberto MATURANA e Francisco VARELA, *Autopoiesi e cognizione: la realizzazione del vivente*, Marsilio, Venezia, 1985.

Mashall MCLUHAN, *Gli strumenti del comunicare*, Il Saggiatore, 1976.

George ORWELL, *La fattoria degli animali*, Paperback, 1982.

John OVERDURF e Julie SILVERTHORN, *Training Trances: Multilevel Communication in Therapy and Training*, Metamorphous Press, 1994.

Nassim Nicholas TALEB, *Il cigno nero. Come l'improbabile governa la nostra vita*, Il Saggiatore, 2008.

SCARICA IL SUPPLEMENTO GRATUITO

Se sei rimasto affascinato dalle parole di Daniele e Charlie, puoi continuare questo viaggio scaricando il supplemento gratuito che trovi alla pagina *www.dialogika.it/webmonster.php*

Il supplemento comprende la conversazione successiva allo scritto e un'intervista in esclusiva con gli autori. In questo modo potrai continuare la tua esplorazione nell'affascinante mondo del Marketing conversazionale.

A SCUOLA DI MARKETING

Pensi di aver imparato qualcosa di interessante da questo libro? Pensi che qualcosa di importante si sia smosso dentro di te accendendo quella scintilla creativa che ha solo bisogno di essere alimentata?

Se questo è avvenuto attraverso una semplice lettura, pensa a cosa accadrebbe se avessi l'opportunità di partecipare a un corso in cui applicare tutti i principi presenti in questi libro e molti altri partecipando a un corso condotto dagli autori.

Daniele e Charlie infatti hanno pensato di trasformare questa conversazione in un seminario specialistico in cui potrai approfondire le competenze in materia e trasformare davvero la tua impresa in un successo.

Sei pronto a continuare? Chiama il numero **02.87365520** e una persona del nostro Team sarà lieta di darti tutte le informazioni di cui hai bisogno. Oppure visita direttamente il sito *www.dialogika.it*.

Ti aspettiamo per divertirci e migliorare insieme.

A presto!

Team Dialogika

www.ingramcontent.com/pod-product-compliance
Ingram Content Group UK Ltd.
Pitfield, Milton Keynes, MK11 3LW, UK
UKHW022023190726
13853UKWH00005B/2083